Design graphique : Ann-Sophie Caouette
Infographie : Johanne Lemay
Traitement des images : Mélanie Sabourin
Révision : Odette Lord
Correction : Brigitte Lépine et Odette Lord
Photos : Tango
Styliste culinaire : Jacques Faucher
Styliste accessoiriste : Luce Meunier

DISTRIBUTEURS EXCLUSIFS :

Pour le Canada et les États-Unis :
MESSAGERIES ADP*
2315, rue de la Province
Longueuil, Québec J4G 1G4
Téléphone : 450 640-1237
Télécopieur : 450 674-6237
Internet : www.messageries-adp.com
* filiale du Groupe Sogides inc.,
   filiale du Groupe Livre Quebecor Media inc.

Pour la France et les autres pays :
INTERFORUM editis
Immeuble Paryseine, 3, Allée de la Seine
94854 Ivry CEDEX
Téléphone : 33 (0) 1 49 59 11 56/91
Télécopieur : 33 (0) 1 49 59 11 33
Service commandes France Métropolitaine
Téléphone : 33 (0) 2 38 32 71 00
Télécopieur : 33 (0) 2 38 32 71 28
Internet : www.interforum.fr
Service commandes Export – DOM-TOM
Télécopieur : 33 (0) 2 38 32 78 86
Internet : www.interforum.fr
Courriel : cdes-export@interforum.fr

Pour la Suisse :
INTERFORUM editis SUISSE
Case postale 69 – CH 1701 Fribourg – Suisse
Téléphone : 41 (0) 26 460 80 60
Télécopieur : 41 (0) 26 460 80 68
Internet : www.interforumsuisse.ch
Courriel : office@interforumsuisse.ch
Distributeur : OLF S.A.
ZI. 3, Corminboeuf
Case postale 1061 – CH 1701 Fribourg – Suisse
Commandes :
Téléphone : 41 (0) 26 467 53 33
Télécopieur : 41 (0) 26 467 54 66
Internet : www.olf.ch
Courriel : information@olf.ch

Pour la Belgique et le Luxembourg :
INTERFORUM BENELUX S.A.
Fond Jean-Pâques, 6
B-1348 Louvain-La-Neuve
Téléphone : 32 (0) 10 42 03 20
Télécopieur : 32 (0) 10 41 20 24
Internet : www.interforum.be
Courriel : info@interforum.be

Gouvernement du Québec – Programme de crédit d'impôt pour l'édition de livres – Gestion SODEC – www.sodec.gouv.qc.ca

L'Éditeur bénéficie du soutien de la Société de développement des entreprises culturelles du Québec pour son programme d'édition.

Le Conseil des Arts du Canada
The Canada Council for the Arts

Nous remercions le Conseil des Arts du Canada de l'aide accordée à notre programme de publication.

Nous remercions le gouvernement du Canada de son soutien financier pour nos activités de traduction dans le cadre du Programme national de traduction pour l'édition du livre.

Nous reconnaissons l'aide financière du gouvernement du Canada par l'entremise du Fonds du livre du Canada pour nos activités d'édition.

07-10

© 2010, Les Éditions de l'Homme,
division du Groupe Sogides inc.,
filiale du Groupe Livre Quebecor Media inc.
(Montréal, Québec)

Dépôt légal : 2006
Bibliothèque et Archives nationales du Québec

ISBN 978-2-7619-2759-8

Laurent Godbout

Comme au chalet

Cuisine simple et décontractée en toutes saisons

LES ÉDITIONS DE
L'HOMME

Une compagnie de Quebecor Media

Sommaire

Préface

J'ai toujours aimé la cuisine de Laurent Godbout.

Avant même de devenir son ami, j'admirais sa créativité et sa vision claire de la cuisine. Laurent est un travailleur infatigable à l'imagination débordante. Mais l'une de ses qualités est aussi de savoir s'arrêter, de faire des pauses de quelques heures ou de quelques semaines. Avoir mille et une idées, c'est bien, mais prendre du recul pour réfléchir et passer du temps en famille fait aussi partie de son succès.

Ce ne fut pas toujours ainsi. Laurent s'est tué au travail pendant des années en essayant de trouver cet équilibre que nous recherchons tous. Je crois que c'est ce qui l'a poussé à écrire son deuxième livre. J'aime le fait qu'il n'ait pas publié pour impressionner, mais pour se faire plaisir. D'ailleurs, je lui donne peut-être trop de mérite, car au moment de créer ce livre, il est parti à son chalet et y est resté des semaines. Là, il n'a fait que cuisiner, manger, prendre des notes et faire des photos ! Il est où le travail là-dedans ?

Comme au chalet, c'est de la cuisine réconfortante. Mes filles aussi aiment sa cuisine parce qu'elles savent qu'il y a toujours quelque chose de sécurisant pour elles au menu. C'est différent et réconfortant à la fois. Quand je mange chez Laurent, je sens sa bonne humeur, son humour et son réel plaisir à cuisiner pour ceux qu'il aime. J'espère être son cobaye encore longtemps.

Ricardo Larrivée

Introduction

Pour le plaisir d'être ensemble

Dans ce livre, je vous offre des recettes simples et réconfortantes. Des recettes où je vous invite à partager mon plaisir de cuisiner avec les enfants, avec la famille et avec les amis. Des recettes qui vous rappelleront même des souvenirs de votre propre enfance.

Quand les amis arrivent chez moi les bras chargés de plats savoureux, j'adore ça. Et lorsque tous ces plats atterrissent au beau milieu de la table, à la bonne franquette, comme disait ma grand-mère Blanche, les odeurs s'entremêlent. C'est fantastique. Je me suis donc mis, moi aussi, à préparer des repas conviviaux et réconfortants, qui remplissent la maison de bonnes odeurs.

Je suis allé puiser dans les cahiers de recettes de ma mère, de la famille et d'amis. J'ai fait des plats que j'avais déjà goûtés, mais comme je n'obtenais pas les mêmes résultats, je les ai refaits à ma façon.

Pour une nourriture de vacances… même à la maison

Par la suite, ma blonde et moi avons acheté un chalet. Pour profiter un peu plus de ce rêve, nous y allons fréquemment et y invitons souvent des amis. Là-bas, j'ai vite compris que pour cuisiner au chalet, il faut avoir une approche différente. Les produits doivent être faciles à trouver, et les recettes, simples et savoureuses. Surtout lorsqu'il y a des enfants autour de la table ! Les recettes de ce livre (qui ont évidemment été conçues au chalet !) sont pour nous une nourriture de vacances, une récompense. Mais vous pouvez, bien sûr, les préparer à la maison, vous aurez alors l'impression d'être en vacances, même au beau milieu de la semaine.

Et hop, tout le monde à table!

Ces recettes, je les ai conçues en fonction des saisons. Sous le titre « Par temps chaud... », vous trouverez des plats qui se prêtent plus à la cuisine d'été et sous « Par temps froid... », eh bien, vous avez sûrement deviné. À l'intérieur de chacune de ces grandes sections, vous pouvez choisir des plats allant du petit-déjeuner (« Se lever du bon pied ») au dessert (« Pour terminer »).

Plusieurs recettes demandent une longue cuisson, c'est pour mieux en faire ressortir les parfums, mais quand vient le temps de « popoter » avant de manger, c'est vite fait! Beaucoup d'autres aussi peuvent se faire à l'avance, elles ne demandent que quelques instants pour le service... et hop, tout le monde à table en même temps!

Laurent Godbout

Par temps chaud . . .

Pain doré aux poires caramélisées

4 portions
Préparation ... **20 minutes**
Cuisson ... **30 minutes**

Pain doré

60 ml (¼ tasse) de crème 35 %
180 ml (¾ tasse) de lait
2 œufs
7 tranches de pain coupées en quatre
2 poires mûres, épluchées et tranchées

Préchauffer le four à 180 °C (350 °F). Dans un bol, à l'aide d'un fouet, mélanger la crème, le lait et les œufs. Ajouter les morceaux de pain et les poires. Déposer la préparation dans un moule à pain. Cuire au four de 30 à 35 minutes jusqu'à ce que le pain soit bien doré. Laisser refroidir pendant 1 heure au frigo, puis couper en 4 cubes égaux.

Caramel

2 c. à soupe de beurre
160 g (¾ tasse) de sucre
2 c. à soupe de crème 35 %

Dans un poêlon, faire fondre le beurre, ajouter le sucre et cuire jusqu'à l'obtention d'une couleur caramel légèrement brunâtre. Verser délicatement la crème, puis y mettre les pains. Pour glacer les pains, les rouler dans le caramel de 4 à 5 fois, à feu doux.

Servir en nappant le pain de sauce, avec de la crème fouettée ou de la crème glacée.

Vous pouvez remplacer la sauce au vin rouge par de la sauce au chocolat ou par du caramel (voir p. 18).

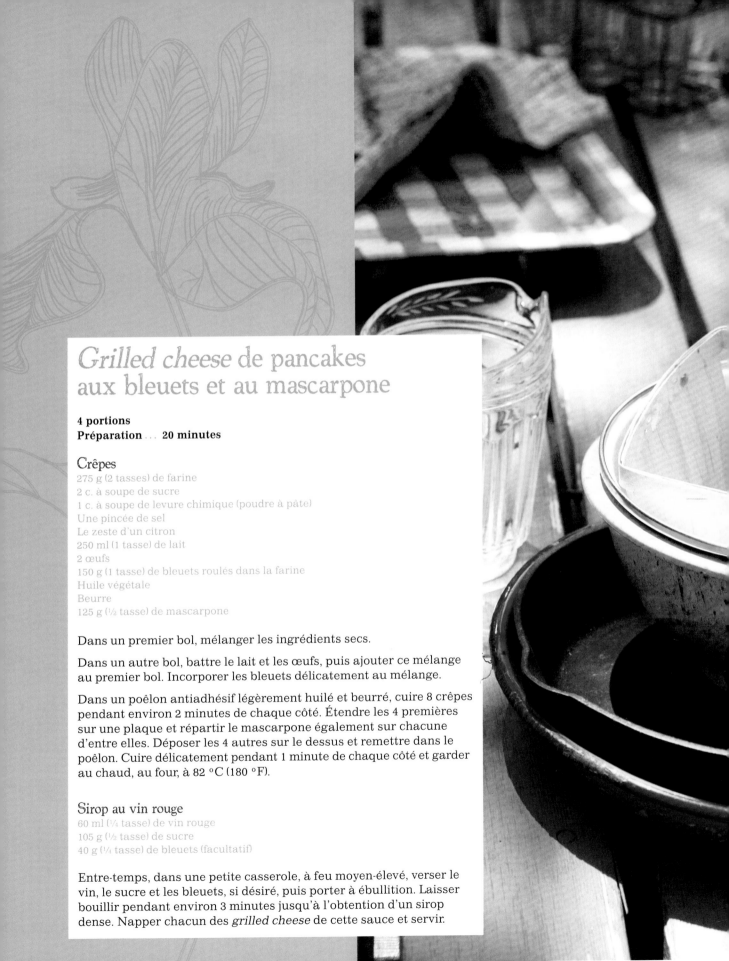

Grilled cheese de pancakes aux bleuets et au mascarpone

4 portions
Préparation ... **20 minutes**

Crêpes

275 g (2 tasses) de farine
2 c. à soupe de sucre
1 c. à soupe de levure chimique (poudre à pâte)
Une pincée de sel
Le zeste d'un citron
250 ml (1 tasse) de lait
2 œufs
150 g (1 tasse) de bleuets roulés dans la farine
Huile végétale
Beurre
125 g (½ tasse) de mascarpone

Dans un premier bol, mélanger les ingrédients secs.

Dans un autre bol, battre le lait et les œufs, puis ajouter ce mélange au premier bol. Incorporer les bleuets délicatement au mélange.

Dans un poêlon antiadhésif légèrement huilé et beurré, cuire 8 crêpes pendant environ 2 minutes de chaque côté. Étendre les 4 premières sur une plaque et répartir le mascarpone également sur chacune d'entre elles. Déposer les 4 autres sur le dessus et remettre dans le poêlon. Cuire délicatement pendant 1 minute de chaque côté et garder au chaud, au four, à 82 °C (180 °F).

Sirop au vin rouge

60 ml (¼ tasse) de vin rouge
105 g (½ tasse) de sucre
40 g (¼ tasse) de bleuets (facultatif)

Entre-temps, dans une petite casserole, à feu moyen-élevé, verser le vin, le sucre et les bleuets, si désiré, puis porter à ébullition. Laisser bouillir pendant environ 3 minutes jusqu'à l'obtention d'un sirop dense. Napper chacun des *grilled cheese* de cette sauce et servir.

Par temps chaud . . .

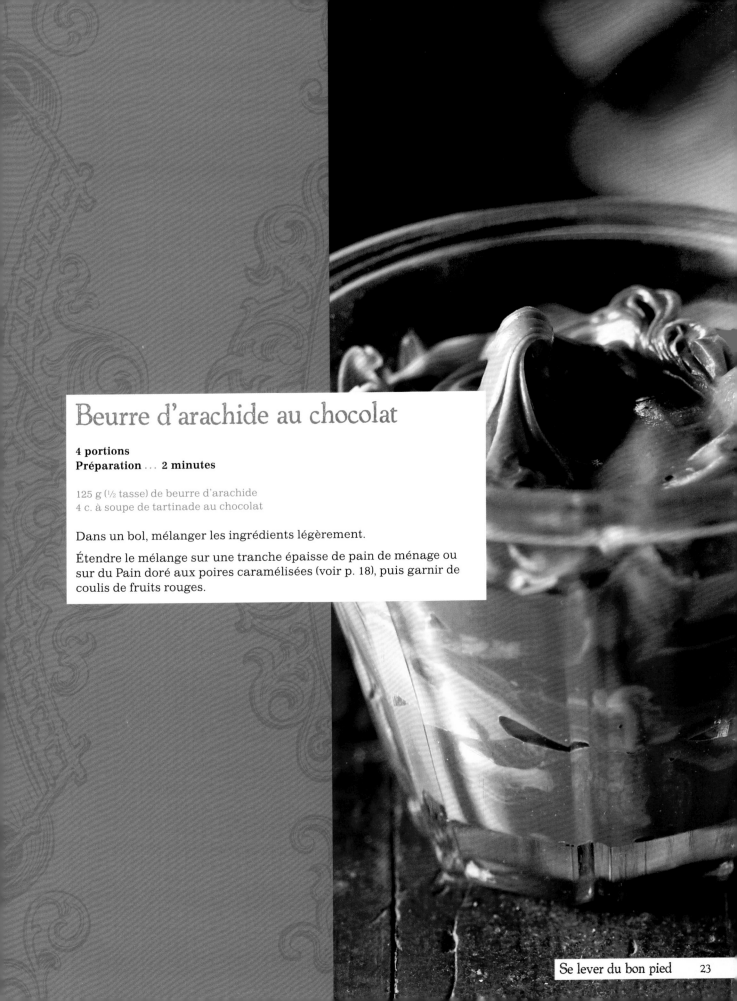

Beurre d'arachide au chocolat

4 portions
Préparation ... **2 minutes**

125 g (½ tasse) de beurre d'arachide
4 c. à soupe de tartinade au chocolat

Dans un bol, mélanger les ingrédients légèrement.

Étendre le mélange sur une tranche épaisse de pain de ménage ou sur du Pain doré aux poires caramélisées (voir p. 18), puis garnir de coulis de fruits rouges.

Gin Hendrick's au gingembre et à la coriandre

1 portion
Préparation ... **10 minutes**

4 feuilles de coriandre
Glace concassée
1 c. à café (1 c. à thé) de gingembre frais, haché
Un quartier de citron vert
12 tranches de concombre très finement tranchées
1 c. à café (1 c. à thé) de sucre
2 c. à soupe de gin Hendrick's
Soda au gingembre
Un morceau de gingembre confit

Dans un grand verre, broyer la coriandre à l'aide d'un pilon à mojito.

Ajouter une demi-tasse de glace et le gingembre, puis continuer à broyer. Presser le citron vert et le laisser tomber dans le verre. Ajouter les concombres et le sucre et continuer toujours à broyer. Lorsque le tout semble bien broyé, ajouter l'alcool et remplir le verre du soda au gingembre.

Sur un long pic à cocktail, piquer le morceau de gingembre et le laisser tomber dans le verre.

Limonade rhubarbe et framboises

6 à 8 portions
Préparation ... **5 minutes**

3 citrons frais, coupés en deux
1 litre (4 tasses) d'eau froide
105 g (½ tasse) de sucre
3 c. à soupe de sirop de menthe
250 ml (1 tasse) de jus d'orange
120 g (1 tasse) de framboises fraîches, écrasées
255 g (1 tasse) de compote de rhubarbe sucrée
1 citron frais, coupé en rondelles

Extraire le jus des citrons. Dans un grand bol, mélanger tous les ingrédients. Bien remuer le liquide et servir dans des verres individuels remplis de glace.

Eau de concombre et de romarin

8 portions
Préparation . . . 5 minutes

2 litres (8 tasses) d'eau froide
12 tranches de concombre coupées à une épaisseur de 0,5 cm (¼ po)
Une branche de romarin frais

Trente minutes avant de servir, mélanger tous les ingrédients ensemble et laisser macérer dans un pot, au réfrigérateur.

Servir dans des verres transparents.

Eau de melon d'eau et citronnelle

4 portions
Préparation . . . 5 minutes

2 litres (8 tasses) d'eau froide
2 quartiers de melon d'eau coupés en tranches de 2 cm (¾ po) d'épaisseur
Une tige de citronnelle coupée en deux dans le sens de la longueur
Glaçons

Dans un pot à eau, mélanger l'eau, le melon, la citronnelle et une tasse de glaçons. Laisser macérer pendant 30 minutes.

Servir au centre de la table et accompagner de son plat préféré.

Truc de la blonde du chef...
Lorsque vous recevez, doublez
la recette et gardez toujours un
pot supplémentaire au frigo.
Pendant le repas, laissez la
carafe (en verre, de préférence)
sur la table. Vos convives
seront intrigués par l'eau qu'elle
contient. La carafe deviendra
alors un objet décoratif.

C'est une entrée
parfaite à partager
au chalet, entre
amis.

Rondelles d'oignon croustillantes au vinaigre balsamique, mayo au sorbet à la mangue

4 portions
Préparation ... 25 minutes

1 gros oignon rouge, coupé en rondelles de 1,5 cm (½ po)
250 ml (1 tasse) de vinaigre balsamique
360 g (2 ½ tasse) de farine
2 c. à café (2 c. à thé) de levure chimique (poudre à pâte)
¼ c. à café (¼ c. à thé) de sel
180 ml (¾ tasse) de lait
1 œuf
165 g (¾ tasse) de mayonnaise
2 c. à soupe de sorbet à la mangue du commerce, fondu,
ou de purée de mangues
½ c. à soupe de sauce aigre-douce au chili ou de sauce sambal œlek
½ c. à soupe de ciboulette
2 litres (8 tasses) d'huile végétale
Paprika fumé
Le zeste d'un citron vert

Dans un contenant hermétique, faire mariner l'oignon et le vinaigre balsamique pendant 2 heures. Remuer de temps en temps.

Dans un bol, mélanger 140 g (1 tasse) de farine, la levure chimique et le sel. Y ajouter le lait et bien mélanger. Ajouter l'œuf et continuer de mélanger afin d'obtenir une belle consistance. Réserver.

Dans un petit plat, mélanger la mayonnaise, le sorbet, la sauce aigre-douce et la ciboulette. Réserver au frais.

Fariner légèrement les rondelles d'oignon dans la farine qui reste, puis les mettre dans la pâte à frire. Les plonger ensuite dans de l'huile chaude jusqu'à ce qu'elles soient bien dorées. Les égoutter sur du papier absorbant. Les assaisonner de paprika et de zeste de citron vert, puis les servir avec la mayonnaise à la mangue.

Haricots verts à croquer

4 portions
Préparation ... 10 minutes

1 c. à café (1 c. à thé) d'huile de sésame
½ c. à café (½ c. à thé) de gingembre frais, haché finement
2 c. à café (2 c. à thé) de graines de sésame
½ c. à café (½ c. à thé) de sucre
60 ml (¼ tasse) de sauce teriyaki
1 c. à café (1 c. à thé) de zeste de citron
280 g (2 tasses) de haricots verts précuits

À feu moyen-élevé, chauffer un grand poêlon ou un wok pendant environ 1 minute. Y mettre tous les ingrédients, sauf les haricots. Mélanger pendant quelques secondes à l'aide d'une cuillère en bois, puis ajouter les haricots. Faire sauter le tout pendant 1 minute et servir en guise d'amuse-bouche dans un plat de partage.

Truc du chef ...
Si vous n'avez pas de
haricots, vous pouvez
utiliser des pois sucrés
ou des pois mange-tout.

Nachos au chili con carne

6 portions
Préparation ... 15 minutes
Cuisson ... 60 minutes

1 c. à soupe de beurre
1 c. à soupe d'huile d'olive
1 lb (450 g) de bœuf haché maigre
2 oignons hachés
60 g (½ tasse) de céleri haché
80 g (½ tasse) de poivron haché
1 boîte de haricots rouges de 796 ml (28 oz)
1 boîte de crème de tomates de 284 ml (10 oz)
½ c. à café (½ c. à thé) de poudre de chili
½ c. à café (½ c. à thé) de sauce Worcestershire
240 g (3 tasses) de nachos
240 g (2 tasses) de cheddar râpé

Dans une grande casserole, à feu élevé, faire fondre le beurre dans l'huile et y faire revenir le bœuf jusqu'à cuisson complète. Enlever le plus de gras de cuisson possible. Ajouter tous les autres ingrédients, sauf les nachos et le fromage, et baisser à feu doux. Laisser mijoter 1 heure. Remuer de temps à autre pour empêcher la sauce de coller.

Préchauffer le gril du four (*broil*). Couvrir le fond d'une plaque à pâtisserie de papier parchemin pour empêcher que le fromage colle. Y étendre les croustilles et les couvrir de chili. Ajouter le fromage uniformément et mettre le tout à griller. Servir au centre de la table en amuse-bouche avec de la crème sure et de bonnes bières mexicaines.

Par temps chaud . . .

Pain naan à la crème sure, ciboulette et huile de truffe

4 portions
Préparation ... 30 minutes

375 g (1 ½ tasse) de crème sure
1 c. à soupe de vinaigre de vin rouge
3 bouquets de ciboulette fraîche, hachée finement
½ c. à café (½ c. à thé) de poivre moulu
1 échalote française, hachée
1 c. à soupe d'huile de truffe
2 pains naans ou autres pains plats de type pita
Un trait d'huile d'olive
Fleur de sel, au goût

Dans un bol, mélanger la crème sure, le vinaigre, la moitié de la ciboulette, le poivre, l'échalote et la moitié de l'huile de truffe.

Badigeonner la surface des pains d'un peu d'huile d'olive pour qu'ils soient bien dorés à la cuisson.

Mettre les pains sur un barbecue bien chaud et les faire griller pendant 1 minute de chaque côté.

Garnir un pain du mélange de crème sure, puis déposer l'autre pain sur le dessus afin d'obtenir un sandwich bien grillé des deux côtés.

Déposer les pains dans une assiette de service, verser l'huile de truffe et assaisonner de fleur de sel et du reste de la ciboulette. Couper en pointes et servir en amuse-bouche.

Truc de la blonde du chef...
S'il y a des restes, conservez
le mélange au frigo, il sera
exquis réchauffé sur des
craquelins tartinés
de fromage de chèvre et
même avec un poisson
blanc grillé.

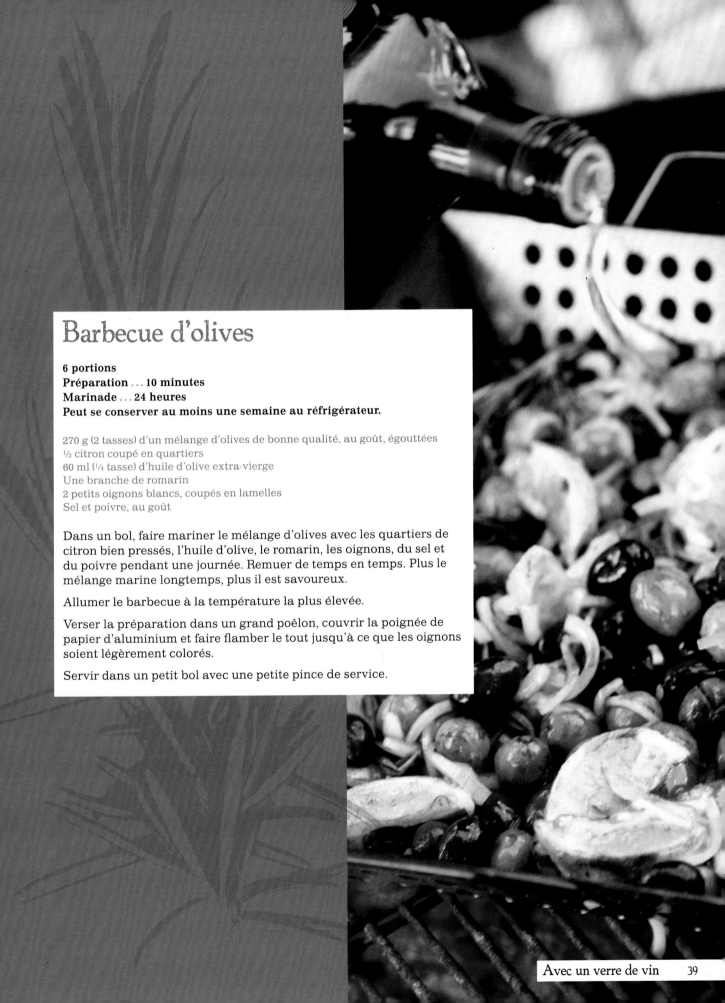

Barbecue d'olives

6 portions
Préparation ... 10 minutes
Marinade ... 24 heures
Peut se conserver au moins une semaine au réfrigérateur.

270 g (2 tasses) d'un mélange d'olives de bonne qualité, au goût, égouttées
½ citron coupé en quartiers
60 ml (¼ tasse) d'huile d'olive extra-vierge
Une branche de romarin
2 petits oignons blancs, coupés en lamelles
Sel et poivre, au goût

Dans un bol, faire mariner le mélange d'olives avec les quartiers de citron bien pressés, l'huile d'olive, le romarin, les oignons, du sel et du poivre pendant une journée. Remuer de temps en temps. Plus le mélange marine longtemps, plus il est savoureux.

Allumer le barbecue à la température la plus élevée.

Verser la préparation dans un grand poêlon, couvrir la poignée de papier d'aluminium et faire flamber le tout jusqu'à ce que les oignons soient légèrement colorés.

Servir dans un petit bol avec une petite pince de service.

Ceviche Pic-Nic

4 portions
Préparation . . . 20 minutes

450 g (1 lb) de bar rayé fileté sans la peau, de crevettes décortiquées
ou de n'importe quel poisson ou fruits de mer frais
75 g (½ tasse) d'oignons rouges, coupés en fines lanières
80 g (½ tasse) de poivron jaune, coupé en fines lanières
½ gousse d'ail, hachée
40 g (¼ tasse) de coriandre fraîche, ciselée
3 c. à soupe d'huile d'olive
60 ml (¼ tasse) de jus de citron vert
Une goutte de sauce Tabasco
2 c. à soupe de ketchup
Sel et poivre
8 g (¼ tasse) de riz soufflé de type Rice Krispies préalablement grillé
dans 1 c. à soupe d'huile de sésame
4 contenants en carton (comme des boîtes de mets chinois à emporter)

Couper le poisson en fines lanières, puis les déposer dans un grand
bol à mélanger. Y ajouter tous les ingrédients, sauf les céréales. Rec-
tifier l'assaisonnement, au goût. Répartir la préparation également
dans les contenants et réserver les céréales dans un autre petit plat.

Juste avant de pique-niquer, saupoudrer le poisson d'un peu de
céréales afin d'obtenir un léger croquant.

Idéal pour vos pique-niques qui sortent de l'ordinaire.

Gaspacho de filles

6 portions
Préparation . . . 30 minutes

160 g (1 tasse) de melon d'eau coupé en cubes de 2 cm (¾ po)
1 avocat pelé, coupé en cubes de 2 cm (¾ po)
1 c. à soupe de sauce soya
½ concombre pelé, coupé en rondelles
60 ml (¼ tasse) de vinaigre blanc
50 g (¼ tasse) de sucre
150 g (1 tasse) d'oignons rouges, coupés en dés
380 g (2 tasses) de tomates fraîches, coupées en dés
280 g (2 tasses) de poivrons rouges, coupés en dés
60 ml (¼ tasse) de vinaigre balsamique
125 ml (½ tasse) d'huile d'olive
4 gouttes de sauce Tabasco
½ c. à soupe de sauce soya
Le jus d'un citron vert
Sel et poivre

Dans un bol, mettre à mariner le melon d'eau avec l'avocat et la sauce soya. Remuer de temps en temps. Dans un autre bol, mélanger les concombres, le vinaigre et le sucre. Mettre tous les autres ingrédients dans un mélangeur jusqu'à l'obtention d'une crème lisse. Assaisonner, au goût.

Verser dans des verres à martini transparents et garnir du mélange de concombre et du mélange de melon.

Meule de brie sur le barbecue

6 à 8 portions
Préparation . . . 10 minutes
Cuisson . . . 25 minutes

1 meule de brie de 370 g (13 oz)
½ c. à café (½ c. à thé) d'estragon frais, haché
½ c. à café (½ c. à thé) de basilic frais, haché
½ c. à café (½ c. à thé) de persil frais, haché
1 c. à soupe d'huile d'olive extra-vierge
3 c. à soupe de miel

Préchauffer le barbecue à température moyenne. À l'aide d'un couteau, faire quelques incisions dans le fromage à 2 cm (¾ po) de profondeur.

Utiliser un morceau de papier d'aluminium qui est deux fois plus grand que la meule. Y déposer le fromage. Refermer le papier en haut pour éviter que ça déborde. Étendre le reste des ingrédients sur le fromage et replier légèrement le papier par-dessus. Déposer le fromage sur le barbecue, sur la grille du haut et cuire à feu moyen pendant 25 minutes.

Servir accompagné de son pain préféré ou de biscottes.

Salade au pain de la veille

4 portions
Préparation . . . 10 minutes

125 g (2 tasses) de pain de la veille coupé en cubes de 1 x 1 cm (³/₈ x ³/₈ po)
25 raisins rouges, coupés en deux
130 g (³/₄ tasse) de chorizo coupé en petits cubes
10 olives Kalamata dénoyautées, coupées en deux
10 feuilles de basilic ciselées
½ gousse d'ail, hachée finement
2 c. à café (2 c. à thé) de vinaigre de vin rouge
60 ml (¼ tasse) d'huile d'olive
Sel et poivre

Dans un bol de service, mélanger tous les ingrédients. Servir au milieu de la table avec des bols individuels.

Coleslaw asiatique

4 portions
Préparation . . . 20 minutes

Salade de chou

230 g (2 tasses) de chou, émincé
120 g (1 tasse) de fenouil, émincé
115 g (1 tasse) de chou rouge, émincé
1 carotte, râpée
1 pomme verte, râpée
Sel et poivre, au goût
4 c. à soupe de graines de sésame noires

Dans un saladier, mélanger tous les ingrédients de la salade.

Vinaigrette

125 ml (½ tasse) de vinaigre de riz
2 c. à soupe de sucre
110 g (½ tasse) de mayonnaise
2 c. à soupe d'huile de sésame
Une pincée de chili

Dans un bol, mélanger tous les ingrédients de la vinaigrette. Incorporer la vinaigrette à la salade et rectifier l'assaisonnement. Saupoudrer de graines de sésame et servir au centre de la table.

Calmars sucrés-salés au wasabi et aux graines de sésame

4 portions
Préparation ... **25 minutes**
Cuisson ... **5 minutes**

1 litre (4 tasses) d'huile de canola
240 g (1 ½ tasse) de calmars en rondelles, décongelés ou frais, bien égouttés
145 g (1 tasse) de semoule de maïs fine
35 g (¼ tasse) de farine
2 c. à café (2 c. à thé) d'eau
1 c. à café (1 c. à thé) de wasabi en poudre
55 g (¼ tasse) de mayonnaise
80 ml (⅓ tasse) de sauce aigre-douce asiatique
45 g (⅓ tasse) de poivron rouge, coupé en petits dés
35 g (⅓ tasse) d'oignons verts, émincés
1 c. à café (1 c. à thé) de graines de sésame blanches
1 c. à café (1 c. à thé) de graines de sésame noires
45 g (⅓ tasse) d'arachides concassées

Dans une grande casserole, chauffer l'huile à feu moyen-élevé. Dans un grand bol, bien mélanger les calmars avec la semoule et la farine. Lorsque l'huile est bien chaude, faire frire les calmars en 2 ou 3 fois jusqu'à ce qu'ils soient bien dorés, puis les déposer sur du papier absorbant. Dans un petit bol, mélanger l'eau avec le wasabi, puis avec la mayonnaise. Réserver. Dans un autre bol, mélanger tous les autres ingrédients, puis ajouter les calmars. Bien mélanger. Déposer le tout dans une assiette de service et dresser en parsemant de mayonnaise au wasabi.

À la demande générale de mes clients au restaurant Attelier Archibald, voici le secret de ma recette. Et ceux qui ne voudraient pas s'aventurer à la préparer savent maintenant où la retrouver... Ce plat se mange en entrée ou comme amuse-bouche avec une bonne bière au gingembre ou un verre de riesling.

Salade à la crème de nos mères

4 portions
Préparation ... 5 minutes

1 laitue frisée fraîche et croquante
125 ml (½ tasse) de crème 35 %
2 oignons verts, finement coupés
Poivre du moulin
Fleur de sel

Dans un grand saladier, déchiqueter la laitue avec les doigts. Ajouter la crème et les oignons, puis poivrer allégrement. Parsemer de fleur de sel pour le côté croquant et servir aussitôt.

Je croyais que cette recette était bien connue au Québec, mais plusieurs de mes amis m'ont dit qu'ils n'avaient jamais goûté ma salade préférée, celle que maman me préparait, quand j'étais enfant, avec la laitue bien croquante qui sortait directement de son jardin. Quel plaisir de manger de la salade! Cette salade est un passe-partout pour tout plat difficile à marier. Idéal avec les pâtés au poulet, avec le saumon ou avec un bon hamburger.

Pommes de salade à la provençale

4 portions
Préparation . . . 25 minutes

Salade

1 boîte de cœurs d'artichauts coupés en quartiers
1 poivron rouge, coupé en gros cubes
35 g (¼ tasse) d'olives Kalamata dénoyautées, coupées en deux
2 oignons verts, émincés
2 petites laitues iceberg, coupées en quartiers
80 g (½ tasse) de tomates cerises, coupées en deux

Vinaigrette

60 ml (¼ tasse) de vinaigre balsamique
1 c. à soupe de moutarde de Dijon
Sel et poivre
Une pincée de sucre
1 c. à soupe de basilic frais, ciselé
½ c. à soupe d'estragon frais, ciselé
½ gousse d'ail, hachée
1 échalote française, coupée en petits dés
250 ml (1 tasse) d'huile d'olive extra-vierge

Dans un grand bol, mélanger tous les ingrédients de la vinaigrette,
puis ajouter les artichauts, le poivron, les olives et les oignons verts.
Laisser macérer pendant 1 heure. Au moment du service, mettre la
laitue dans un grand plat, puis y déposer le mélange de légumes et
les tomates. Rectifier l'assaisonnement et servir.

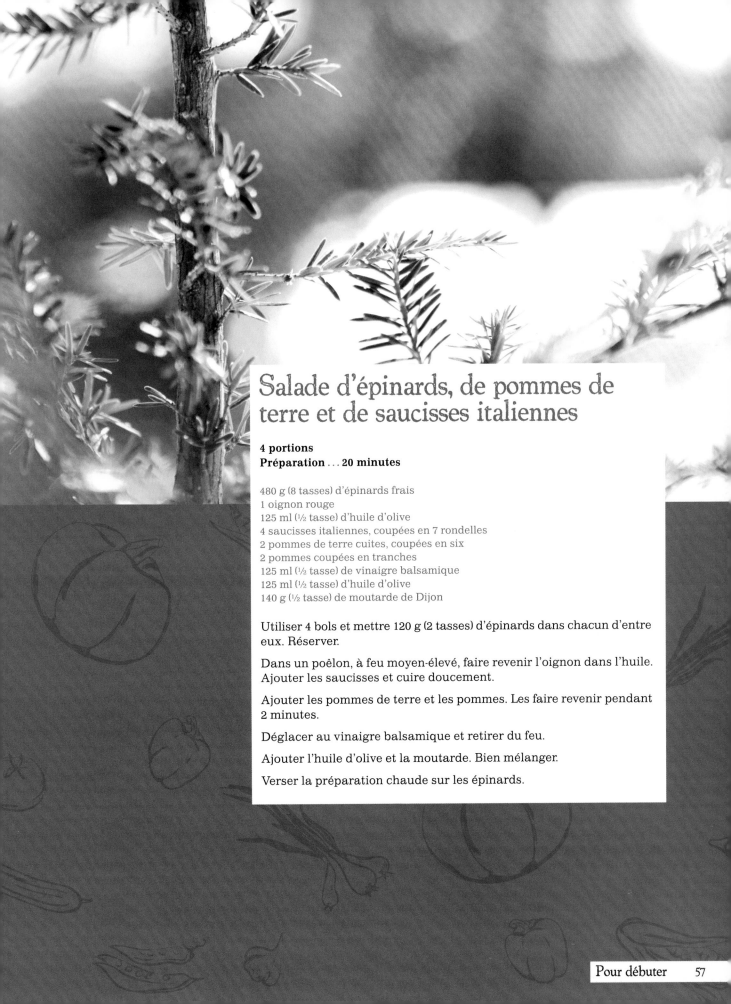

Salade d'épinards, de pommes de terre et de saucisses italiennes

4 portions
Préparation ... 20 minutes

480 g (8 tasses) d'épinards frais
1 oignon rouge
125 ml (½ tasse) d'huile d'olive
4 saucisses italiennes, coupées en 7 rondelles
2 pommes de terre cuites, coupées en six
2 pommes coupées en tranches
125 ml (½ tasse) de vinaigre balsamique
125 ml (½ tasse) d'huile d'olive
140 g (½ tasse) de moutarde de Dijon

Utiliser 4 bols et mettre 120 g (2 tasses) d'épinards dans chacun d'entre eux. Réserver.

Dans un poêlon, à feu moyen-élevé, faire revenir l'oignon dans l'huile. Ajouter les saucisses et cuire doucement.

Ajouter les pommes de terre et les pommes. Les faire revenir pendant 2 minutes.

Déglacer au vinaigre balsamique et retirer du feu.

Ajouter l'huile d'olive et la moutarde. Bien mélanger.

Verser la préparation chaude sur les épinards.

Burgers de bœuf et porc braisé

4 portions
Préparation ... **25 minutes**

680 g (1 ½ lb) de bœuf haché maigre
60 ml (¼ tasse) de sauce barbecue du commerce
Mélange d'épices à steak
300 g (2 tasses) d'oignons émincés
2 c. à soupe de beurre
4 pains à hamburger
450 g (1 lb) de porc braisé, chaud (voir Burgers d'effiloché de porc à l'orange, p. 62)
4 tranches de gruyère
Sel et poivre

Préchauffer le barbecue à température moyenne. Façonner 4 boulettes avec la viande hachée, les badigeonner de sauce barbecue et saupoudrer les deux côtés d'épices à steak. Bien les cuire sur le barbecue. Dans un poêlon, à feu moyen-élevé, faire caraméliser les oignons dans le beurre pendant environ 5 minutes. Réserver. Griller les pains sur le barbecue, puis déposer les boulettes sur la partie inférieure des pains. Y mettre du porc braisé, puis du fromage. Garnir ensuite des oignons très chauds. Ajouter les condiments, au goût. Remettre la partie supérieure du pain, puis servir avec la Salade à la crème de nos mères (voir p. 52).

Vous verrez,
les enfants
seront ravis!

Cornets au poulet

6 portions
Préparation ... 15 minutes

150 g (1 tasse) de poulet cuit, coupé en petits dés
½ concombre épluché, épépiné et coupé en petits dés
Une branche de céleri, émincée
½ oignon vert, haché finement
Le jus de ½ citron vert
1 œuf cuit, haché
110 g (½ tasse) de mayonnaise
Sel et poivre
6 cornets à crème glacée non sucrés

Dans un grand bol, mélanger tous les ingrédients, sauf le sel, le poivre et les cornets. Assaisonner, au goût, puis réfrigérer pendant 30 minutes. À l'aide d'une cuillère à crème glacée, garnir les cornets de la préparation de poulet, puis les servir aussitôt.

Burgers d'effiloché de porc à l'orange

6 portions
Préparation . . . 20 minutes
Cuisson . . . 5 heures

1 c. à soupe d'huile d'olive
1 c. à soupe de beurre
900 g (2 lb) d'épaule de porc
1 oignon coupé en six
3 gousses d'ail
1 orange coupée en six
Sel et poivre
250 ml (1 tasse) de jus d'orange
500 ml (2 tasses) de fond de veau
125 ml (½ tasse) de ketchup
180 ml (¾ tasse) de sauce barbecue pour le gril
12 tranches épaisses de son pain favori
3 oranges pelées et coupées en fines tranches
24 feuilles de basilic
110 g (½ tasse) de mayonnaise

Préchauffer le four à 125 °C (255 °F). Dans une grande casserole, faire fondre le beurre dans l'huile, à feu moyen-élevé. Lorsqu'il est doré et qu'il dégage une odeur de noisette, ajouter le porc et le faire griller de tous les côtés. Ajouter l'oignon, l'ail et l'orange, puis saler et poivrer.

Ajouter le jus d'orange, le fond de veau et le ketchup. Couvrir et mettre au four pendant 5 heures. Après ce temps, vérifier si la pièce de viande s'effiloche facilement.

Retirer la viande du jus.

À l'aide d'une fourchette, effilocher la viande et ajouter la sauce barbecue. Bien mélanger.

Griller les tranches de pain.

Garnir 6 tranches de pain du porc braisé, y déposer les tranches d'orange et les feuilles de basilic, puis saler et poivrer. Mettre ensuite la mayonnaise sur les tranches d'orange et couvrir des autres tranches de pain pour refermer les burgers.

« Quand j'étais petite, j'avais hâte au jeudi, car je savais que les petits chapeaux de jambon et les patates pilées seraient au menu. Cette recette rend hommage à Lise, ma mère, qui m'a transmis sa passion pour la bonne bouffe de nos mamans. J'espère que petits et grands en raffoleront autant que moi. »

– Véro, la blonde du chef

Cônes de jambon à l'ananas de Lise

6 portions
Préparation . . . 30 minutes

6 tranches d'ananas entières en conserve, égouttées
510 g (3 tasses) de jambon cuit, haché
1 œuf
1 c. à café (1 c. à thé) d'oignon émincé
1 c. à café (1 c. à thé) de persil frais, haché
1 c. à café (1 c. à thé) de moutarde préparée
2 c. à soupe du sirop de l'ananas en conserve
15 g (½ tasse) de flocons de maïs de type Corn Flakes, émiettés, pour former
une chapelure
125 ml (½ tasse) de sauce à l'ananas du commerce
440 g (2 tasses) de pommes de terre en purée

Préchauffer le four à 190 °C (375 °F). Dans une plaque à biscuits, déposer les tranches d'ananas une à côté de l'autre.

Mélanger le jambon, l'œuf, l'oignon, le persil, la moutarde et le sirop d'ananas. Façonner le mélange en forme de cônes, en utilisant des verres à eau en carton en forme de cône que l'on trouve dans les grandes surfaces. Passer les cônes dans la chapelure. Déposer un cône sur chacune des tranches d'ananas. Cuire au four pendant 25 minutes. Dans une petite casserole, faire réchauffer la sauce à l'ananas.

À l'aide d'une spatule, déposer les cônes de jambon dans des assiettes individuelles, servir un cône par personne, avec des pommes de terre en purée et un trait de sauce.

Vinaigrette 100 façons

4 portions
Préparation ... **5 minutes**

3 c. à soupe de vinaigre balsamique
2 c. à soupe de sucre
2 c. à soupe d'échalote française, hachée
125 ml (½ tasse) d'huile d'olive extra-vierge
2 c. à soupe de ciboulette hachée
Sel et poivre

Dans une petite casserole, à feu moyen-élevé, faire bouillir le vinaigre. Ajouter le sucre en brassant constamment et faire réduire pendant 5 minutes. Retirer du feu quand le mélange a la consistance d'un sirop. Ajouter tous les autres ingrédients et laisser tiédir.

Servir comme sauce d'accompagnement avec un bon steak sur le gril.

Cette vinaigrette se marie avec au moins 100 mets que je connais. Elle rehausse les pétoncles, aromatise le veau, la volaille, les fromages et se sert autant en sauce qu'en vinaigrette ou en marinade. Elle se conserve plusieurs jours au frigo. Et les plus gourmands peuvent y ajouter quelques gouttes d'huile de truffe.

Truc de la blonde du chef... S'il reste de la vinaigrette, conservez-la au frigo et réutilisez-la le lendemain dans vos sandwichs ou avec des légumes grillés, un vrai régal!

Poisson aux clémentines et rapinis aux écorces d'orange

4 portions
Préparation ... **25 minutes**
Cuisson ... **20 minutes**

Poisson

1 poisson entier de type vivaneau, d'environ 1,8 kg (4 lb), nettoyé
1 paquet d'estragon
2 clémentines, coupées en tranches épaisses
Sel et poivre
60 ml (¼ tasse) d'huile d'olive extra-vierge

Préchauffer le barbecue à température moyenne. Rincer le poisson sous l'eau froide. Farcir l'intérieur avec l'estragon et les clémentines, puis saler et poivrer. L'asperger d'huile, puis le déposer dans une poissonnière ou dans du papier d'aluminium. Le cuire sur le barbecue pendant 20 minutes en le retournant toutes les 5 minutes.

Rapinis

2 paquets de rapinis frais
2 c. à soupe d'huile d'olive extra-vierge
2 c. à soupe de beurre salé
Sel et poivre
Le zeste de 2 oranges
Le zeste d'un citron

Entre-temps, mélanger les rapinis avec tous les autres ingrédients, les emballer dans du papier d'aluminium, puis les mettre sur le barbecue, sur le gril du haut. Cuire les rapinis pendant 15 minutes en les retournant deux fois et servir au centre de la table avec le poisson entier.

Poitrines de poulet façon piña colada

4 portions
Préparation . . . 25 minutes
Cuisson . . . 10 minutes

2 c. à soupe d'huile d'olive extra-vierge
½ oignon rouge, coupé en quartiers
½ tête de brocoli, coupée en petits bouquets
1 poivron rouge, coupé en quartiers
4 poitrines de poulet, coupées en lanières
2 c. à soupe de rhum brun
165 g (1 tasse) d'ananas coupé en petits cubes
250 ml (1 tasse) de jus d'ananas
250 ml (1 tasse) de lait de coco
½ c. à soupe de pâte de cari rouge
½ c. à soupe de sauce d'huître
25 g (⅓ tasse) de noix de coco râpée, grillée

Dans un poêlon, à feu élevé, verser l'huile. Ajouter les légumes et les faire sauter pendant 1 minute. Ajouter le poulet et le faire sauter 2 minutes. Déglacer au rhum, puis ajouter tous les autres ingrédients, sauf la noix de coco râpée. Laisser mijoter pendant 2 minutes, puis servir dans des ananas évidés ou dans des assiettes individuelles avec du riz collant. Saupoudrer de noix de coco grillée.

Sandwichs à l'italienne

4 portions
Préparation . . . 10 minutes
Cuisson . . . 5 minutes

Mayonnaise

110 g (½ tasse) de mayonnaise
10 g (¼ tasse) de ciboulette finement ciselée
Le zeste d'un citron
Sel et poivre

Mélanger tous les ingrédients de la mayonnaise. Réserver.

Sandwichs

Beurre
8 tranches épaisses de pain aux olives
8 tranches de pancetta
4 tranches de provolone
15 g (¼ tasse) de tomates séchées, émincées
90 g (1 ½ tasse) de roquette
2 poivrons rouges, coupés en lanières

Dans un poêlon légèrement beurré ou sur le barbecue, faire griller les tranches de pain. Réserver. Badigeonner les tranches de pain de mayonnaise, puis les garnir également de tous les ingrédients. Servir dans des assiettes individuelles avec une bonne salade verte aux aromates.

Ginette, enfin je ne sais plus
si c'est Ginette ou Shirley
qui a inventé cette recette,
mais une chose est certaine,
c'est une recette familiale.
Un bon hamburger, des
rondelles d'oignon et du
fromage en grains. Et dire
que je n'y avais pas pensé.

« Burgers à Ginette »

4 portions
Préparation ... **30 minutes + 2 heures de marinade**
Cuisson ... **10 minutes**

12 Rondelles d'oignon croustillantes au vinaigre balsamique
(voir p. 29) ou du commerce
800 g (1 ¾ lb) de bœuf haché mi-maigre
Garnitures, au goût (cornichons, tomate, laitue)
4 pains à hamburger
Condiments, au goût (ketchup, mayonnaise, relish, moutarde)
250 g (1 tasse) de fromage en grains, frais

Préchauffer le barbecue à température moyenne. Préparer les rondelles
d'oignon selon la recette et réserver. Faire 4 boulettes de bœuf et bien
les cuire sur le barbecue.

Préparer les garnitures (cornichons, tomate, laitue et autres).

Beurrer les pains et les faire griller juste avant de servir. Déposer les
condiments sur la partie inférieure des pains, puis ajouter les boulettes
par-dessus. Y déposer les garnitures et les rondelles d'oignon, puis
mettre le fromage en grains. Servir les hamburgers dans des assiettes
individuelles et accompagner d'une salade verte.

Truite pop-corn

4 portions
Préparation ... 40 minutes
Cuisson ... 2 minutes

Sauce

Le jus d'un citron
125 ml (½ tasse) de beurre fondu jusqu'à ce qu'il ait une couleur noisette
2 c. à soupe de câpres, hachées
1 c. à soupe de persil frais, haché
1 petite gousse d'ail, hachée

Mélanger tous les ingrédients et réserver jusqu'au moment du service.
Réchauffer la sauce quelques minutes au micro-ondes si elle est figée.

Truite

140 g (1 tasse) de farine
2 œufs battus
125 ml (½ tasse) de lait
Le zeste de 2 citrons
230 g (2 tasses) de chapelure du commerce
8 filets ou plus de truite arc-en-ciel sans la peau
Huile de canola

Couper les filets en tronçons de 4 cm (1 ½ po). Mettre la farine dans
un grand bol. Mettre les œufs battus avec le lait dans un autre bol.
Mettre ensuite le citron et la chapelure dans un autre bol. Rouler les
morceaux de truite dans la farine, puis dans le mélange d'œufs, puis
dans la chapelure. Réserver sur une plaque jusqu'à ce que le tout
soit pané. Dans une casserole profonde, à feu moyen-élevé, chauffer
l'huile pendant environ 4 minutes ou jusqu'à ce qu'en y mettant une
goutte d'eau, on entende grésiller. Y plonger environ 125 g (½ tasse)
de morceaux de truite et les faire frire pendant environ 2 minutes,
jusqu'à ce qu'ils soient dorés. Quand ils sont cuits, les déposer dans
un grand bol couvert de papier absorbant. Répéter l'opération
jusqu'à ce que tous les morceaux de truite soient frits.

Servir immédiatement avec la sauce chaude et accompagner de
Coleslaw asiatique (voir p. 49).

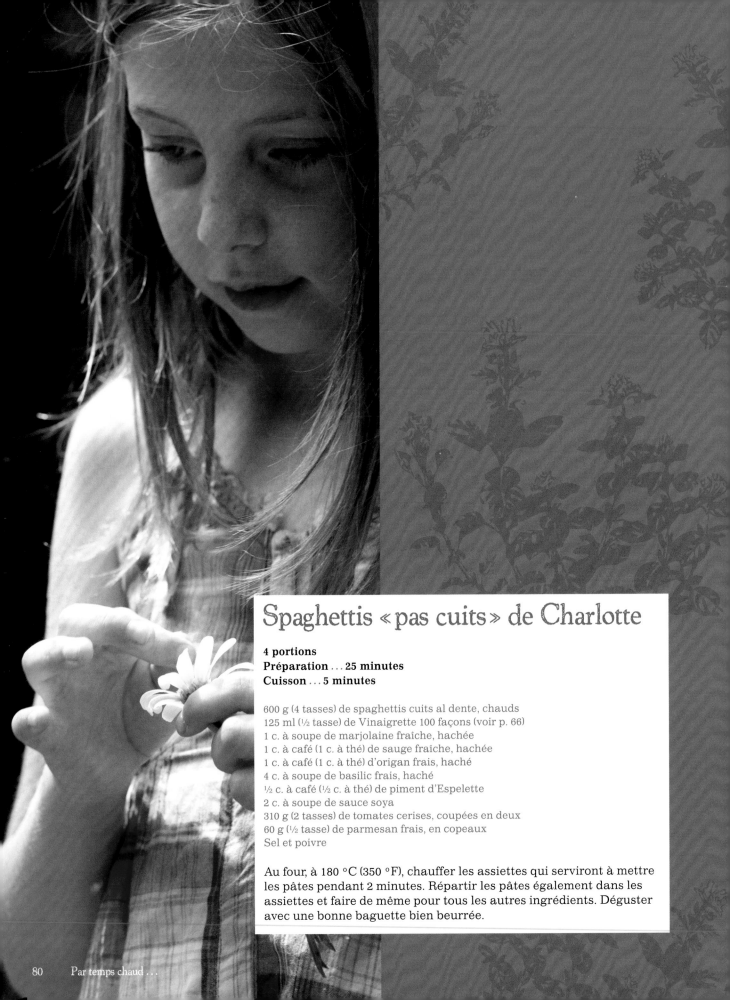

Spaghettis « pas cuits » de Charlotte

4 portions
Préparation . . . **25 minutes**
Cuisson . . . **5 minutes**

600 g (4 tasses) de spaghettis cuits al dente, chauds
125 ml (½ tasse) de Vinaigrette 100 façons (voir p. 66)
1 c. à soupe de marjolaine fraîche, hachée
1 c. à café (1 c. à thé) de sauge fraîche, hachée
1 c. à café (1 c. à thé) d'origan frais, haché
4 c. à soupe de basilic frais, haché
½ c. à café (½ c. à thé) de piment d'Espelette
2 c. à soupe de sauce soya
310 g (2 tasses) de tomates cerises, coupées en deux
60 g (½ tasse) de parmesan frais, en copeaux
Sel et poivre

Au four, à 180 °C (350 °F), chauffer les assiettes qui serviront à mettre les pâtes pendant 2 minutes. Répartir les pâtes également dans les assiettes et faire de même pour tous les autres ingrédients. Déguster avec une bonne baguette bien beurrée.

Mon ami Benoit m'a dit un jour que sa mère faisait des spaghettis « pas cuits ». Je ne comprenais absolument pas de quoi il parlait. Sa mère m'a donc préparé ce plat tout à fait exquis où ce sont les garnitures, en fait, qui ne sont pas cuites. Comme je n'ai jamais pu le refaire aussi bien qu'elle, je l'ai modifié à ma façon, merci à Charlotte.

Saucisses en croûte de pommes de terre

4 portions
Préparation ... **30 minutes**
Cuisson ... **10 minutes**

4 litres (16 tasses) d'eau
6 saucisses italiennes
2 pommes de terre longues
10 feuilles de sauge, hachées
1 c. à soupe de beurre
1 c. à soupe d'huile d'olive

Dans une casserole, porter l'eau à ébullition. Ajouter les saucisses et cuire pendant 10 minutes. Égoutter et réserver. Entre-temps, éplucher les pommes de terre, les laver, puis à l'aide d'un économe faire des tranches longues et larges, toujours du même côté de la pomme de terre. Réserver sur du papier absorbant. Étendre deux tranches bout à bout, en les juxtaposant à d'autres sur les côtés, jusqu'à ce que les tranches soient aussi larges qu'une saucisse. Déposer la saucisse au bas des tranches et garnir de sauge. Rouler les pommes de terre autour de la saucisse en pressant fermement pour que ce soit bien serré (un peu comme lorsqu'on fait des sushis). Répéter l'opération pour les autres saucisses.

Dans un grand poêlon, à feu moyen, faire fondre le beurre dans l'huile et y cuire les saucisses en les retournant pour qu'elles soient bien croustillantes de tous les côtés.

Servir 1 ½ saucisse par personne dans des assiettes individuelles avec sa moutarde favorite et quelques légumes.

Truc de la blonde du chef …
Si vous voulez éliminer le
pain, déposez un peu de
cette préparation sur des
feuilles de laitue Boston.
Ce sera délicieux et
croquant à souhait.

Guedilles au poulet et à la mangue

4 portions (2 guedilles par personne)
Préparation ... 25 minutes

Garniture

300 g (2 tasses) de blancs de poulet cuits, coupés en dés
200 g (1 tasse) de mangues, coupées en dés
1 petite pomme de laitue iceberg, déchiquetée
3 oignons verts, coupés finement
1 avocat mûr, coupé en dés
145 g (⅔ tasse) de mayonnaise
Sel et poivre
90 g (¾ tasse) de mozzarella râpée
1 c. à soupe de beurre

4 pains à hot-dog

Dans un bol, mélanger tous les ingrédients de la garniture, puis réserver.

Griller et dorer les pains dans un poêlon légèrement beurré.

Garnir les pains du mélange, saupoudrer chaque pain de fromage râpé, puis servir.

Tacos de laitue sur le pouce

4 portions
Préparation ... 25 minutes

Vinaigrette
125 ml (½ tasse) de sirop de maïs
40 g (¼ tasse) de coriandre fraîche, hachée
30 g (¼ tasse) de noix de cajou
1 gousse d'ail, hachée
1 c. à soupe de gingembre, haché
½ c. à café (½ c. à thé) de chili

Dans un mélangeur, verser tous les ingrédients de la vinaigrette et mélanger pendant quelques secondes. Verser la vinaigrette dans une saucière, puis la déposer au centre de la table.

Tacos
16 feuilles de laitue Boston
100 g (1 tasse) de carottes, râpées
140 g (1 tasse) de concombre émincé, en tranches
90 g (¾ tasse) de mélange de fromages mexicain, râpé
180 ml (¾ tasse) de salsa aux tomates
2 poitrines de poulet cuites, coupées en lanières

Déposer toutes les garnitures dans des bols individuels au milieu de la table avec 4 assiettes.

Farcir les feuilles de laitue de garnitures, les arroser de vinaigrette, puis les replier comme des tacos avant de les savourer.

Si ce n'était que de moi, je mettrais deux fois plus de garnitures dans les pommes de terre.

Pommes de terre garnies

4 portions
Préparation ... **5 minutes**
Cuisson ... **25 minutes**

460 g (4 tasses) de pommes de terre coupées en gros cubes
80 g (⅓ tasse) de miettes de bacon
190 g (¾ tasse) de crème sure
25 g (¼ tasse) d'échalote, hachée
120 g (1 tasse) de cheddar jaune
2 c. à soupe d'huile d'olive
Sel et poivre

Préchauffer le barbecue à température moyenne. Étendre une grande feuille de papier d'aluminium sur le comptoir de cuisine.

Y déposer les pommes de terre, puis mettre le reste des ingrédients sur les pommes de terre. Bien refermer la feuille en repliant les bords. Déposer les pommes de terre sur la grille du haut du barbecue, à feu moyen, et cuire pendant 25 minutes en les retournant de 2 à 3 fois.

Boîtes de conserve aux petits fruits, guimauves et Caramilk

4 portions
Préparation . . . 10 minutes
Cuisson . . . 10 minutes

1 banane coupée en tranches de 1 cm (³∕₈ po) d'épaisseur
70 g (½ tasse) de fraises coupées en quatre
60 g (½ tasse) de framboises
70 g (½ tasse) de bleuets
60 g (¾ tasse) de petites guimauves
4 boîtes de conserve vides, bien propres
3 tablettes de chocolat Caramilk, en petits morceaux

Préchauffer le barbecue à température moyenne. Dans un bol, mélanger les fruits et les guimauves. Prendre la moitié du mélange et le répartir également dans les boîtes de conserve. Garnir les boîtes de conserve de la moitié des morceaux de chocolat. Répéter l'opération pour le reste des ingrédients.

Mettre les boîtes de conserve sur le gril, à feu moyen-élevé, pendant une dizaine de minutes.

Retirer les boîtes de conserve du feu et servir en prenant soin d'enrouler des linges autour pour ne pas se brûler. On peut aussi y ajouter une boule de crème glacée à la vanille, c'est encore meilleur.

Tarte au sucre à la crème, bleuets et framboises

6 à 8 portions
Préparation ... **15 minutes**
Cuisson ... **45 minutes**

1 fond de tarte
180 g (¾ tasse) de cassonade bien tassée
1 œuf
2 c. à soupe de farine
2 c. à soupe de fécule de maïs
250 ml (1 tasse) de crème 35 %
1 bouchon d'extrait de vanille
60 ml (¼ tasse) de sirop d'érable
120 g (1 tasse) de framboises
70 g (½ tasse) de bleuets

Préchauffer le four à 180 °C (350 °F). Étendre la pâte au fond d'un moule à tarte.

Dans un grand bol, mélanger la cassonade avec l'œuf jusqu'à ce que ce soit crémeux.

Dans un petit bol, mélanger la farine, la fécule, la crème, la vanille et le sirop d'érable.

Verser le mélange de crème dans le mélange de cassonade. Bien mélanger.

Verser sur la pâte à tarte et ajouter les petits fruits.

Cuire au four pendant 45 minutes.

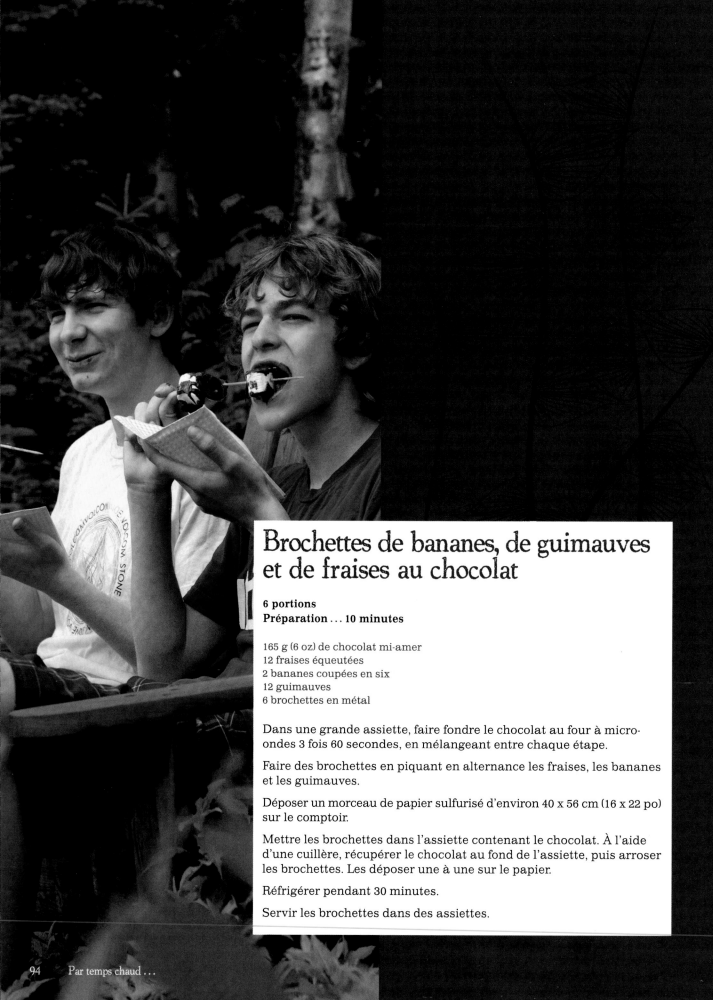

Brochettes de bananes, de guimauves et de fraises au chocolat

6 portions
Préparation ... 10 minutes

165 g (6 oz) de chocolat mi-amer
12 fraises équeutées
2 bananes coupées en six
12 guimauves
6 brochettes en métal

Dans une grande assiette, faire fondre le chocolat au four à micro-ondes 3 fois 60 secondes, en mélangeant entre chaque étape.

Faire des brochettes en piquant en alternance les fraises, les bananes et les guimauves.

Déposer un morceau de papier sulfurisé d'environ 40 x 56 cm (16 x 22 po) sur le comptoir.

Mettre les brochettes dans l'assiette contenant le chocolat. À l'aide d'une cuillère, récupérer le chocolat au fond de l'assiette, puis arroser les brochettes. Les déposer une à une sur le papier.

Réfrigérer pendant 30 minutes.

Servir les brochettes dans des assiettes.

Yoyos glacés aux carottes et fromage à la crème

8 portions
Préparation ... 30 minutes
Cuisson ... 10 minutes
On peut préparer ce dessert plusieurs jours à l'avance.

Gâteau

350 g (2 ½ tasses) de farine
1 c. à soupe de levure chimique (poudre à pâte)
1 c. à café (1 c. à thé) de bicarbonate de soude
1 c. à café (1 c. à thé) de cannelle moulue
½ c. à café (½ c. à thé) de muscade moulue
1 c. à café (1 c. à thé) de gingembre moulu
Une pincée de clou de girofle moulu
4 œufs
315 g (1 ½ tasse) de sucre
375 g (1 ½ tasse) de cassonade
300 ml (1 ¼ tasse) d'huile végétale
300 g (3 tasses) de carottes, râpées
165 g (1 tasse) d'ananas coupé en petits cubes
125 g (1 tasse) de noix de Grenoble, concassées

Préchauffer le four à 180 °C (350 °F). Dans un grand bol, mélanger les ingrédients secs. Dans un autre bol, à l'aide d'un batteur électrique, fouetter les œufs avec le sucre et la cassonade. Ajouter l'huile et continuer de battre jusqu'à l'obtention d'une pâte homogène. Y incorporer le reste des ingrédients et bien mélanger. Ajouter les ingrédients secs et continuer de bien mélanger. Répartir le mélange dans des moules à muffins préalablement beurrés en mettant seulement 1 cm (³/₈ po) de mélange, pas plus. Cuire au four pendant 10 minutes ou jusqu'à ce qu'un cure-dent inséré au centre d'un petit gâteau en ressorte propre. Sortir du four et laisser refroidir pendant 10 minutes, puis démouler. Réserver.

Glaçage

2 paquets de fromage à la crème ramolli au micro-ondes pendant 1 minute
125 g (½ tasse) de sucre

Dans un grand bol, à l'aide d'un batteur électrique, fouetter le fromage avec le sucre à grande vitesse pendant 1 minute. Réserver.

Dressage

Garnir l'intérieur de la moitié des petits gâteaux du mélange de fromage, refermer avec l'autre moitié, puis mettre au congélateur pendant au moins 1 heure. Servir congelé et emballer la moitié du yoyo dans du papier parchemin.

Par temps
froid . . .

Pain de ménage en croûte de céréales

4 portions
Préparation ... **15 minutes**

240 g (2 tasses) de muesli
70 g (½ tasse) de farine
2 œufs
125 ml (½ tasse) de lait
4 tranches épaisses de pain de ménage
2 c. à café (2 c. à thé) de beurre
2 c. à café (2 c. à thé) d'huile d'olive

Déposer le muesli dans une grande assiette. Mettre la farine dans une autre assiette. Battre les œufs avec le lait dans un grand bol. Tremper les tranches de pain dans la farine, puis dans la préparation d'œufs, puis dans le muesli.

Dans un grand poêlon, à feu moyen, faire fondre le beurre dans l'huile jusqu'à ce que le mélange soit doré et qu'il dégage une odeur de noisette, puis y faire griller le pain pendant 2 minutes de chaque côté.

Servir avec de la crème fouettée, avec du sucre à glacer, avec du yogourt, avec un peu de Tia Maria, ou encore avec de la crème glacée, pour les plus gourmands.

La meilleure omelette du monde

4 portions
Préparation ... 15 minutes
Cuisson ... 25 minutes

120 g (½ tasse) de bacon coupé en morceaux
90 g (¾ tasse) de poireau émincé
125 ml (½ tasse) de crème 35 %
60 ml (¼ tasse) de lait
Muscade
Sel et poivre
2 œufs
60 g (½ tasse) de cheddar râpé
Un paquet de 235 g (8 oz) de pâte à croissants du commerce

Préchauffer le four à 180 °C (350 °F). Dans une petite casserole, à feu moyen, faire revenir le bacon pendant 1 minute.

Ajouter le poireau et cuire pendant environ 4 minutes, en brassant souvent.

Ajouter la crème, le lait, la muscade, le sel et le poivre, puis porter à ébullition. Retirer du feu et ajouter les œufs et le fromage.

Défaire la pâte à croissants en petits triangles. Couvrir le fond d'un moule à muffins de pâte, en y mettant environ 2 triangles par moule.

Garnir les fonds de pâte du mélange d'œufs et mettre au four pendant 25 minutes.

Laisser tiédir pendant environ 10 minutes et démouler avec les doigts. Déposer sur un plat de service et manger pendant que c'est encore chaud.

L'idée de cette recette m'est venue en préparant le petit-déjeuner. J'étais tellement affamé que je mangeais des chips en même temps que je goûtais à mes œufs brouillés. J'ai donc décidé de remplacer mes petites patates à déjeuner par des chips, un vrai régal.

Brouillade d'œufs et chips au bacon

4 portions
Préparation ... 15 minutes

420 g (6 tasses) de croustilles nature pauvres en sel
30 tomates cerises, coupées en deux
2 gousses d'ail
8 feuilles de basilic finement ciselées
1 c. à café (1 c. à thé) d'huile d'olive
1 c. à café (1 c. à thé) de vinaigre balsamique
Sel et poivre
2 c. à café (2 c. à thé) de beurre
8 œufs
6 tranches de cheddar jaune
12 tranches de bacon bien cuites, coupées en gros morceaux,
encore chaudes
55 g (½ tasse) d'oignons verts, hachés

Répartir les croustilles également dans 4 bols individuels.

Dans un petit bol, mélanger les tomates, l'ail, le basilic, l'huile et le vinaigre, puis saler et poivrer. Réserver.

Dans un grand poêlon, faire fondre le beurre. Mêler les œufs en les cuisant pour qu'ils soient brouillés, moelleux et collants. Déposer les tranches de fromage sur les œufs, puis retirer du feu. Les laisser fondre. Quand elles sont fondues, diviser en 4 portions, puis déposer les œufs sur les croustilles.

Répartir également les morceaux de bacon, les oignons verts et le mélange de tomates, puis assaisonner de poivre frais.

Truc du chef…
Mettez 2 c. à soupe
de tartinade au
chocolat dans le gruau,
puis déposez de fines
tranches de banane
avant de caraméliser
la crème brûlée.

Crème brûlée au gruau

4 portions
Préparation … 30 minutes

Gruau
110 g (1 tasse) de flocons d'avoine
500 ml (2 tasses) de lait 2 %
70 g (½ tasse) de noix concassées
1 c. à soupe de beurre

Dans une casserole, porter à ébullition l'avoine et le lait, à feu moyen.
Cuire pendant 5 minutes en brassant souvent. Ajouter les noix et le
beurre. Bien mélanger.

Crème brûlée à l'érable
250 ml (1 tasse) de crème 35 %
60 ml (¼ tasse) de sirop d'érable
250 ml (1 tasse) de lait
4 jaunes d'œufs
Cassonade

Préchauffer le four à 135 °C (275 °F). Dans une casserole, à feu élevé,
porter à ébullition la crème avec le sirop d'érable. Réserver.

Dans un bol, à l'aide d'un fouet, mélanger le lait avec les œufs, puis
verser le mélange de crème chaude doucement dans le bol. Bien
mélanger. Verser la préparation dans 4 petits bols allant au four.
Déposer ensuite les 4 bols dans un grand plat en pyrex, puis mettre
de l'eau au fond du grand plat jusqu'à la moitié des petits bols afin
d'obtenir une cuisson vapeur. Cuire au four pendant 40 minutes.
Laisser refroidir pendant 1 heure et déposer le gruau chaud sur le
mélange. Étendre la cassonade, puis caraméliser à l'aide d'un chalu-
meau ou sous le gril du four, sur la grille du haut, pendant environ
2 minutes. Servir chaud.

Cretons santé au jus de pomme

6 portions
Préparation ... **10 minutes**
Cuisson ... **30 minutes**

1 c. à soupe de beurre
1 c. à soupe d'huile d'olive
½ oignon blanc, haché
1 gousse d'ail, hachée
1 tranche de bacon, coupée finement
225 g (½ lb) de veau haché
180 ml (¾ tasse) de jus de pomme naturel
1 c. à soupe de moutarde de Dijon
2 ½ c. à soupe de flocons d'avoine
¼ c. à café (¼ c. à thé) de cannelle moulue
¼ c. à café (¼ c. à thé) de clou de girofle moulu
¼ c. à café (¼ c. à thé) de gingembre moulu
¼ c. à café (¼ c. à thé) de muscade moulue
Sel et poivre, au goût

Dans une casserole, à feu moyen-élevé, faire fondre et mousser le beurre et l'huile. Ajouter l'oignon et le faire dorer pendant 1 minute, en remuant. Ajouter l'ail et le bacon, puis remuer pendant 1 minute. Ajouter le veau et continuer de remuer pour qu'il se défasse à la fourchette. Ajouter tous les autres ingrédients et laisser mijoter, à feu moyen-doux, pendant 30 minutes, jusqu'à ce que le jus de pomme soit complètement absorbé.

Retirer du feu et mouler dans de petits plats.

Truc du chef ...
Pour obtenir une consistance
lisse et plus crémeuse, passez
la préparation chaude au
mélangeur avant de la mouler.

Truc de la blonde du chef ...
Vous pouvez accompagner ces
délicieux cretons d'une épaisse
tranche de pain aux raisins
bien grillée.

Bloody Caesar au vin rouge

1 portion
Préparation ... 5 minutes

Sel de céleri
Quelques glaçons
90 ml (3 oz) de vin rouge
2 c. à soupe de vodka
3 gouttes de sauce Tabasco
3 gouttes de sauce Worcestershire
Jus Clamato
Sel et poivre
Une branche de céleri
Un quartier de citron

Dans un grand verre à cocktail givré de sel de céleri, mettre des glaçons et ajouter le vin rouge, la vodka, la sauce Tabasco, la sauce Worcestershire, le jus Clamato, du sel et du poivre. Décorer d'une branche de céleri et d'un quartier de citron.

Thé chai à la liqueur de noisettes

1 portion
Préparation ... 5 minutes

1 sachet de thé chai
250 ml (1 tasse) de lait chaud
2 c. à soupe de liqueur de noisettes
Un peu de mousse de lait

Laisser infuser le thé dans le lait chaud, puis le verser dans un verre à café alcoolisé. Ajouter la liqueur et décorer de mousse de lait. Déguster avec des biscuits sablés.

Lait vanillé à l'amaretto

1 portion
Préparation ... 5 minutes

¼ gousse de vanille fraîche, coupée en deux dans le sens de la longueur
250 ml (1 tasse) de lait
2 c. à soupe d'amaretto

Trente minutes avant de servir cette boisson, laisser infuser la gousse de vanille dans le lait, au réfrigérateur. Verser le liquide dans un verre à cognac, puis ajouter l'amaretto. Déguster cette boisson froide avec un bon dessert. Lors du service, laisser les morceaux de vanille dans le verre.

Chaud-Colat Peppermint

4 portions
Préparation . . . 15 minutes

750 ml (3 tasses) de lait
125 ml (½ tasse) de crème 35 %
6 c. à soupe de chocolat mi-amer, râpé
2 c. à soupe de chocolat au lait, râpé
8 bonbons à la menthe rouge et blanc, concassés
125 ml (½ tasse) de crème 35 % fouettée, sucrée
avec 1 c. à soupe de sucre à glacer
4 c. à soupe de Caramel à la fleur de sel (voir p. 159)

Dans une casserole, à feu moyen-élevé, porter à ébullition le lait et la
crème liquide. Verser le chocolat et remuer jusqu'à ce qu'il soit fondu.
Répartir les menthes au fond de 4 tasses et réserver quelques morceaux pour la décoration. Répartir le chocolat chaud également, puis
garnir de crème fouettée, de caramel et de bonbons.

Dattes farcies à la merguez

4 portions
Préparation ... 15 minutes
Cuisson ... 15 minutes

2 merguez
12 dattes dénoyautées
6 tranches de bacon, coupées en deux

Préchauffer le four à 180 °C (350 °F). Enlever le boyau qui couvre les merguez. Farcir également chacune des dattes de chair à saucisses, les entourer de bacon, puis les mettre sur une plaque. Cuire au four pendant 15 minutes jusqu'à ce qu'elles soient légèrement dorées.

Servir sur un plateau en guise d'amuse-bouche.

Truc du chef . . .
J'en fais toujours le double,
car chaque fois, on me
demande d'en refaire !

Fondants à l'abricot et aux pacanes

8 portions
Préparation ... 30 minutes

120 g (1 tasse) de cheddar, coupé en petits dés
240 g (1 tasse) de beurre, coupé en petits dés
170 g (1 tasse) d'abricots séchés, coupés en petits dés
4 oignons verts, émincés
110 g (1 tasse) de pacanes, concassées
Farine
1 œuf
Lait
Graines de sésame
Huile à friture

Dans un grand bol, mélanger le cheddar, le beurre, les abricots, les oignons verts et les pacanes. Façonner le mélange en forme de petites roues. Mettre au frigo pendant 15 minutes.

Mettre la farine dans un petit bol. Dans un autre bol, mélanger l'œuf avec le lait. Dans une assiette, répartir les graines de sésame.

Préchauffer la friteuse ou prévoir une casserole haute qui servira à la friture.

Tremper chaque boule de fromage dans la farine, puis dans le mélange d'œufs et finalement dans les graines de sésame. Les frire jusqu'à ce qu'elles soient légèrement dorées. Les mettre ensuite sur du papier absorbant, puis les déposer sur un plateau de service en guise d'amuse-bouche.

Soupe à l'oignon crémée, pain de miche au gruyère

4 portions
Préparation ... 30 minutes

60 g (¼ tasse) de beurre
900 g (6 tasses) d'oignons, émincés
180 ml (¾ tasse) de vin rouge
Une branche de thym frais
500 ml (2 tasses) de bouillon de bœuf ou de fond de veau
125 ml (½ tasse) de crème à cuisson 15 %
Sel et poivre
4 tranches de pain épaisses
60 g (½ tasse) de gruyère râpé

Dans une grande casserole, à feu élevé, faire fondre le beurre jusqu'à ce qu'il brunisse légèrement.

Ajouter les oignons et les faire revenir jusqu'à ce qu'ils soient dorés. Déglacer au vin et laisser bouillir pendant 1 minute. Ajouter le thym et le bouillon, puis laisser cuire pendant 20 minutes. Lier avec la crème, puis saler et poivrer, au goût. Retirer du feu, puis enlever la branche de thym. Passer au robot culinaire pour obtenir une texture lisse et crémeuse.

Préchauffer le gril du four. Étaler les tranches de pain couvertes de fromage sur une plaque allant au four et les gratiner pendant quelques minutes.

Servir la soupe dans des bols individuels et l'accompagner d'une tranche de pain au fromage bien chaude.

Tarte aux champignons à la moutarde

4 portions
Préparation ... 15 minutes
Cuisson ... 30 à 35 minutes

2 c. à soupe de beurre
3 c. à soupe d'huile d'olive
560 g (7 tasses) de champignons coupés en quatre
1 gousse d'ail, hachée
3 oignons verts, hachés
Sel et poivre, au goût
60 ml (¼ tasse) de vin rouge
3 c. à soupe de moutarde de Dijon
180 ml (¾ tasse) de crème
15 g (¼ tasse) de persil italien, haché
1 meule de brie de 150 g (5 oz), coupée en fines tranches
1 fond de tarte

Préchauffer le four à 180 °C (350 °F). Dans un grand poêlon, à feu moyen-élevé, faire fondre le beurre dans l'huile et y faire revenir les champignons. Ajouter l'ail et les oignons verts, saler et poivrer. Lorsque les champignons commencent à dorer, déglacer au vin, puis ajouter la moutarde, la crème et le persil. Faire réduire la sauce pendant quelques minutes jusqu'à ce qu'elle épaississe légèrement.

Répartir les morceaux de brie dans un moule à tarte allant au four, puis y verser la préparation de champignons. Étendre le fond de tarte sur le dessus et cuire au four pendant environ 35 minutes.

Déposer la tarte au milieu de la table.

Ce plat peut être mangé
en entrée ou peut servir
d'accompagnement
pour une viande. Pour
les gourmands, ajoutez
quelques tranches de foie
gras au torchon ou de pâté
de foie du commerce.

Croquettes de Mac & Cheese au lard

6 portions
Préparation . . . 45 minutes

5 tranches de bacon coupées en dés
25 g (¼ tasse) d'oignons verts, hachés finement
80 g (⅓ tasse) de fromage fondu de type Cheese Whiz
60 g (½ tasse) de cheddar jaune, râpé finement
340 g (2 ¼ tasses) de macaronis cuits, encore chauds,
soit 110 g (1 tasse) de macaronis non cuits
Poivre, au goût
140 g (1 tasse) de farine
250 ml (1 tasse) de lait
1 œuf
115 g (1 tasse) de chapelure
2 litres (8 tasses) d'huile végétale
500 ml (2 tasses) de sa sauce tomate préférée, chaude

Dans un poêlon bien chaud, à feu moyen-élevé, faire blanchir le bacon pendant environ 1 minute.

Dans un grand bol, mélanger le bacon, les oignons verts et les fromages aux macaronis encore chauds. Poivrer.

Déposer le mélange bien chaud dans des moules à muffins non graissés.

Laisser refroidir au réfrigérateur pendant 30 minutes.

Dans un petit bol, mettre la farine. Dans un autre bol, mélanger le lait et l'œuf. Dans un autre bol, mettre la chapelure.

Démouler les « muffins au macaroni ».

Passer les boules de macaronis dans la farine, puis dans le mélange lait-œuf et finalement dans la chapelure.

Chauffer l'huile végétale dans une grande casserole. Y faire frire les boules de macaroni pendant quelques minutes jusqu'à ce qu'elles soient bien dorées.

Les égoutter sur du papier absorbant.

Napper le fond d'un grand bol de service de sauce tomate, puis y déposer les croquettes. Servir au centre de la table avec une pile d'assiettes.

Par temps froid . . .

Soupe aux tomates et boulettes de veau à la ricotta

4 portions
Préparation ... **25 minutes**

2 c. à soupe de beurre
6 c. à soupe d'huile d'olive extra-vierge
300 g (2 tasses) d'oignons, émincés
1 gousse d'ail, écrasée
Sel et poivre
1 c. à café (1 c. à thé) de sucre
1 boîte de 796 ml (28 oz) de tomates italiennes non égouttées
½ bouquet de basilic frais, émincé
60 ml (¼ tasse) de crème 35 %
225 g (½ lb) de veau haché
½ c. à café (½ c. à thé) de sel
1 c. à café (1 c. à thé) de poivre
260 g (1 tasse) de ricotta

Dans une grande casserole, faire fondre le beurre dans 2 c. à soupe d'huile d'olive. À feu vif, faire revenir les oignons pendant environ 5 minutes en remuant constamment. Ajouter l'ail, saler et poivrer, au goût, puis sucrer.

Ajouter les tomates et la moitié du basilic. Laisser mijoter pendant 30 minutes. Éteindre le feu, puis ajouter l'huile d'olive qui reste et la crème.

Préchauffer le four à 200 °C (400 °F). Passer le tout au robot culinaire ou au mélangeur jusqu'à l'obtention d'une belle consistance onctueuse. Verser la soupe dans la casserole.

Dans un bol, mélanger le veau, le basilic qui reste, le sel, le poivre et la ricotta. Façonner 16 petites boulettes, puis les déposer au fur et à mesure sur une plaque à pâtisserie. Cuire au four pendant 20 minutes.

Servir la soupe dans des bols individuels et mettre 4 boulettes dans chacun des bols.

Pain de viande de La Fabrique

6 portions
Préparation . . . 15 minutes
Cuisson . . . 10 ½ heures

1 c. à soupe de beurre
1 c. à soupe d'huile d'olive
450 g (1 lb) d'épaule de porc désossée
450 g (1 lb) de pièce de bœuf à braiser
4 hauts de cuisse de poulet
Sel et poivre
1,5 litre (6 tasses) de fond de veau du commerce
125 ml (½ tasse) de vin rouge
3 gousses d'ail, hachées
1 carotte épluchée, coupée en six
1 oignon épluché, coupé en six
Une branche de céleri, coupée en six
1 c. à soupe de beurre
1 oignon coupé en dés
Purée de pommes de terre
Un grand bocal de 700 ml (2 ¾ tasses) de sa sauce tomate préférée

Préchauffer le four à 110 °C (225 °F). Dans une grande casserole, faire fondre 1 c. à soupe de beurre dans l'huile jusqu'à ce que le mélange ait une couleur noisette.

Ajouter les viandes, saler, poivrer, puis les saisir jusqu'à ce qu'elles soient légèrement dorées. Ne pas rincer la casserole. Réserver.

Dans une grande casserole allant au four, mettre les viandes saisies, puis ajouter le fond de veau, le vin et l'ail. Porter à ébullition et faire bouillir pendant 5 minutes.

Dans la casserole qui a servi à saisir les viandes, faire suer les légumes pendant 2 minutes.

Ajouter les légumes dans la casserole contenant les viandes et le bouillon et les cuire au four pendant 10 heures.

Retirer la casserole du four, enlever les morceaux de viande et garder le bouillon pour une autre recette.

Effilocher les pièces de viande à la main, puis les mélanger dans un bol.

Dans un poêlon, faire fondre 1 c. à soupe de beurre et cuire l'oignon jusqu'à ce qu'il soit légèrement doré.

Ajouter l'oignon aux viandes et bien mélanger.

Presser le tout au fond du bol et y ajouter une grande quantité de purée de pommes de terre comme on le fait pour un pâté chinois, puis remettre au four 30 minutes à 230 °C (450 °F).

Dans des assiettes individuelles, répartir le pâté et servir avec la sauce tomate. On peut également accompagner ce plat de haricots verts au beurre.

J'ai suggéré à Jean-Baptiste, mon chef associé à La Fabrique, de mettre au menu un pain de viande comportant une purée de pommes de terre. Il m'a fait goûter son pain de viande (viande braisée et purée bien lisse sur le dessus). Moi qui avais en tête un pain de viande traditionnel fait avec de la viande hachée, ma vision de ce plat a bien changé!

Short ribs à la cannelle, polenta crémeuse à l'huile de truffe

4 portions
Préparation ... **25 minutes**
Cuisson ... **8 heures**

1 c. à soupe de beurre
1 c. à soupe d'huile d'olive
Sel et poivre
4 côtes levées de bœuf avec l'os, soit environ 350 g (¾ lb) par personne
1,25 litre (5 tasses) de bouillon de bœuf du commerce
250 ml (1 tasse) de vin rouge corsé
2 bâtons de cannelle ou 1 c. à soupe de cannelle moulue
Fécule de maïs (facultatif)
750 ml (3 tasses) d'eau
750 ml (3 tasses) de lait
220 g (1 ½ tasse) de semoule de maïs fine
80 g (⅓ tasse) de beurre
2 c. à soupe de crème 35 %
1 c. à soupe d'huile de truffe
Sel et poivre, au goût
Un petit paquet de ciboulette, ciselée

Préchauffer le four à 110 °C (225 °F). Dans un poêlon, faire fondre le beurre dans l'huile jusqu'à ce que le mélange ait une couleur noisette.

Saler et poivrer les deux côtés des côtes de bœuf.

Saisir les deux côtés de la viande dans le poêlon très chaud et cara-méliser pour que les côtes soient bien dorées.

Dans une grande casserole allant au four, porter à ébullition le bouillon, le vin rouge, la cannelle et les côtes présaisies, puis les lais-ser bouillir pendant 5 minutes. Cuire au four pendant 8 heures.

Retirer du four, puis enlever délicatement les morceaux de viande du bouillon pour ne pas briser les chairs. Les déposer dans un plat et les laisser refroidir. Conserver le bouillon.

Remettre la casserole de bouillon sur le feu, porter à ébullition, rec-tifier l'assaisonnement, puis épaissir le bouillon à l'aide de fécule de maïs, si désiré. Laisser à feu élevé pendant 5 minutes

Verser la sauce sur la viande et réserver.

Dans une casserole à fond épais, porter à ébullition l'eau et le lait. Baisser à feu moyen, puis verser la semoule en 3 fois, tout en fouet-tant jusqu'à épaississement.

Réduire à feu moyen-doux et cuire pendant environ 8 minutes, en brassant régulièrement avec une cuillère en bois, jusqu'à l'obtention d'une texture souple. Ajouter le beurre, la crème, l'huile de truffe et la ciboulette, saler, poivrer et bien mélanger. Servir aussitôt.

Dresser l'assiette comme suit : une grosse cuillerée de polenta cré-meuse, un morceau de bœuf et de la sauce, puis garnir de légumes, si désiré.

Orzo façon carbonara

3 portions
Préparation ... 25 minutes

825 g (5 tasses) d'orzo cuit
115 g (4 oz) de lard fumé ou de bacon, coupé en petits morceaux
1 gousse d'ail, hachée
½ petit oignon blanc, haché
125 ml (½ tasse) de crème 35 %
60 ml (¼ tasse) de vin blanc
10 g (¼ tasse) de ciboulette, ciselée
30 g (¼ tasse) de parmesan finement râpé
Sel et poivre
2 œufs, légèrement pochés

Cuire l'orzo comme on cuit les pâtes alimentaires pour qu'il soit al dente. Réserver.

Dans un poêlon très chaud, cuire le lard jusqu'à ce qu'il soit légèrement doré. Ajouter l'ail et l'oignon, puis les faire dorer pendant 1 minute. Ajouter la crème et le vin, puis porter à ébullition.

Ajouter l'orzo, la ciboulette et le parmesan, puis saler et poivrer, au goût. Verser dans un grand plat de service et y déposer les œufs.

Courge spaghetti aux fruits de mer

2 portions
Préparation ... **60 minutes**

1 courge spaghetti
4 c. à soupe de beurre
2 c. à soupe d'huile d'olive
3 gousses d'ail, hachées finement
2 échalotes, hachées
125 ml (½ tasse) de vin blanc
125 ml (½ tasse) de crème à cuisson 15 % ou plus
18 crevettes $^{31}/_{40}$
30 petits pétoncles
Sel et poivre
60 g (½ tasse) de fromage, au goût, râpé

Préchauffer le four à 200 °C (400 °F). Couper la courge en deux dans le sens de la longueur. Enlever les graines. Déposer les demi-courges sur une plaque à biscuits et les cuire au four jusqu'à ce que les filaments se détachent, soit pendant environ 40 minutes.

Entre-temps, dans un poêlon, à feu moyen, faire fondre la moitié du beurre dans l'huile. Ajouter l'ail et le faire dorer pendant 1 minute. Ajouter les échalotes et les faire dorer pendant 1 minute. Déglacer au vin blanc et à la crème, laisser mijoter, puis réduire quelques minutes pour que la sauce épaississe. Réserver.

Dans un autre poêlon, à feu vif, faire fondre le reste du beurre et y cuire les crevettes et les pétoncles. Ajouter la sauce, le sel et le poivre, et faire réchauffer le mélange.

Sortir les demi-courges du four et remplir le centre de sauce. Parsemer de fromage râpé.

Remettre sous le gril du four (*broil*) pendant environ 4 minutes, le temps que le plat gratine.

Servir une demi-courge par personne.

Moules au chorizo

4 portions
Préparation . . . 20 minutes

2 c. à soupe d'huile d'olive
1 oignon émincé
375 g (1 ½ tasse) de chorizo, coupé en tranches
2 gousses d'ail, écrasées et hachées
2 poivrons verts, coupés en cubes
4 branches de céleri, coupées en bâtonnets
2,7 kg (6 lb) de moules nettoyées et bien rincées
125 ml (½ tasse) de vin blanc
15 g (¼ tasse) de persil frais, haché

Dans une casserole, à feu moyen-élevé, chauffer l'huile d'olive pendant 1 minute. Ajouter l'oignon et le faire revenir pendant 1 minute. Ajouter le chorizo et bien le faire suer. Ajouter l'ail, le poivron et le céleri et chauffer pendant environ 30 secondes. Ajouter les moules, le vin blanc et le persil. Mélanger et couvrir. Baisser à feu moyen et laisser mijoter de 6 à 7 minutes ou jusqu'à ce que les moules soient ouvertes. Servir les moules dans un grand plat de service, accompagnées de pommes de terre ou de riz.

Ma blonde dit que c'est ma
brandade qui est la meilleure,
même si j'utilise de la morue
non salée et que dans la recette
originale, on a de la morue
salée. Elle la trouve crémeuse et
onctueuse, mais je crois qu'elle
ignore que j'ajoute encore plus
de crème et d'huile à ma recette
lorsqu'elle a le dos tourné.

Brandade de morue crémeuse

4 portions
Préparation ... 20 minutes

125 ml (½ tasse) d'huile d'olive extra-vierge
4 gousses d'ail, hachées
450 g (1 lb) de morue, coupée en cubes de 2 cm (¾ po)
Sel et poivre
125 ml (½ tasse) de vin blanc
125 ml (½ tasse) de crème 35 %
4 pommes de terre moyennes, en purée
125 ml (½ tasse) de lait
2 c. à soupe d'huile d'olive extra-vierge
15 g (¼ tasse) de pain, coupé en petits dés

Dans une casserole, à feu moyen-élevé, verser 125 ml (½ tasse) d'huile d'olive. Y mettre l'ail et laisser frémir jusqu'à ce qu'il soit légèrement doré. Ajouter la morue et la faire revenir pendant 1 minute. Saler et poivrer, au goût. Mettre le vin blanc et la crème et cuire pendant 10 minutes. Ajouter les pommes de terre et le lait, puis mélanger. Saler et poivrer de nouveau, puis fouetter pour obtenir une texture crémeuse.

Réserver dans un bol prêt à servir.

Dans un poêlon, à feu élevé, mettre 2 c. à soupe d'huile d'olive et le pain. Griller le pain, puis le mettre sur la brandade. Servir.

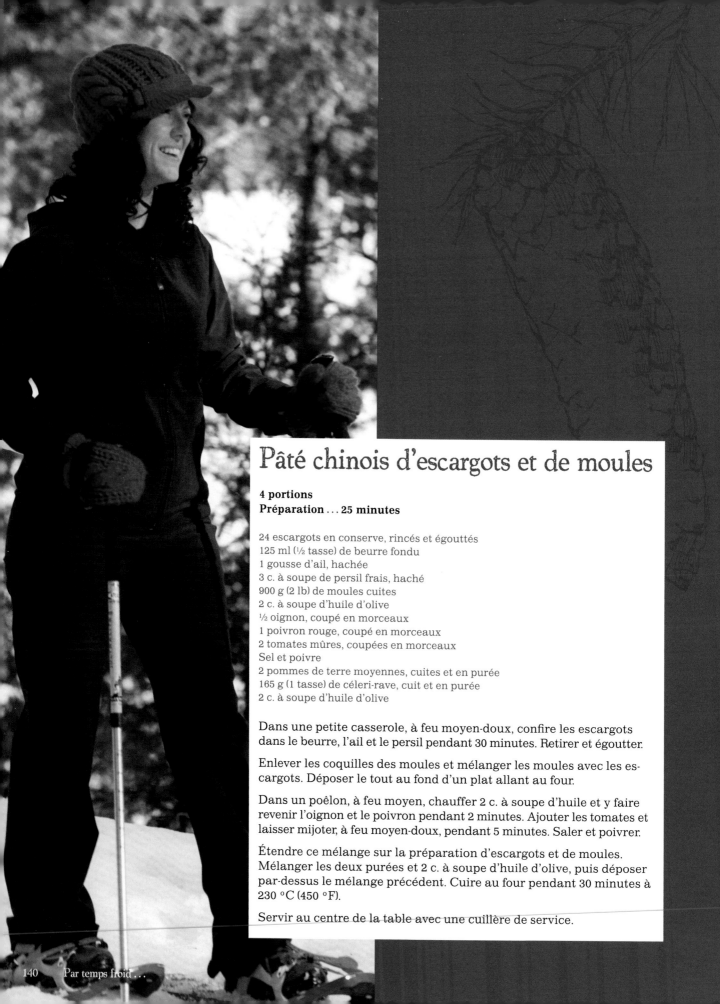

Pâté chinois d'escargots et de moules

4 portions
Préparation … 25 minutes

24 escargots en conserve, rincés et égouttés
125 ml (½ tasse) de beurre fondu
1 gousse d'ail, hachée
3 c. à soupe de persil frais, haché
900 g (2 lb) de moules cuites
2 c. à soupe d'huile d'olive
½ oignon, coupé en morceaux
1 poivron rouge, coupé en morceaux
2 tomates mûres, coupées en morceaux
Sel et poivre
2 pommes de terre moyennes, cuites et en purée
165 g (1 tasse) de céleri-rave, cuit et en purée
2 c. à soupe d'huile d'olive

Dans une petite casserole, à feu moyen-doux, confire les escargots dans le beurre, l'ail et le persil pendant 30 minutes. Retirer et égoutter.

Enlever les coquilles des moules et mélanger les moules avec les escargots. Déposer le tout au fond d'un plat allant au four.

Dans un poêlon, à feu moyen, chauffer 2 c. à soupe d'huile et y faire revenir l'oignon et le poivron pendant 2 minutes. Ajouter les tomates et laisser mijoter, à feu moyen-doux, pendant 5 minutes. Saler et poivrer.

Étendre ce mélange sur la préparation d'escargots et de moules. Mélanger les deux purées et 2 c. à soupe d'huile d'olive, puis déposer par-dessus le mélange précédent. Cuire au four pendant 30 minutes à 230 °C (450 °F).

Servir au centre de la table avec une cuillère de service.

Raclette *all dressed*

8 portions
Préparation … 1 heure

Raclette

2 poitrines de poulet coupées en tranches
225 g (½ lb) de filet de bœuf coupé en tranches
24 petites crevettes cuites
3 saucisses italiennes cuites
1 filet de porc coupé en tranches
12 tranches de viande froide, du genre salami ou speck
6 tranches de bacon précuit
24 escargots rincés et égouttés
24 tranches de fromage à raclette

225 g (½ lb) de mozzarella râpée
500 ml (2 tasses) de sauce tomate
500 ml (2 tasses) de sauce à spaghetti
500 ml (2 tasses) de sauce Alfredo
125 g (¼ lb) de beurre à l'ail
330 g (3 tasses) de pâtes alimentaires
3 ou 4 oignons verts, émincés
1 contenant de 227 g (8 oz) de champignons portobellos émincés
16 pommes de terre grelot cuites
16 mini-pains pitas
Légumes, au goût (brocoli, tomates cerises, poivrons, oignons)

Disposer chacun des ingrédients dans divers contenants. Chaque personne fait son propre mélange d'ingrédients et le cuit sur le poêle à raclette.

Sauce au cari

110 g (½ tasse) de mayonnaise
2 c. à soupe de poudre de cari

Dans un bol, mélanger les ingrédients à l'aide d'une cuillère.

Sauce crémeuse à la Tabasco

165 g (¾ tasse) de mayonnaise
1 c. à soupe de ketchup
½ c. à soupe de harissa
6 gouttes de sauce Tabasco
1 oignon vert, finement haché
½ branche de céleri, coupée en petits cubes
Le jus d'un quartier de citron
Sel et poivre

Dans un bol, mélanger tous les ingrédients à l'aide d'une cuillère.

Sauce yogourt, poivre et citron

175 g (¾ tasse) de yogourt nature 10 %
1 c. à soupe de jus de citron
Le zeste d'un demi-citron, haché finement
1 c. à soupe de poivre
1 c. à soupe d'estragon frais, ciselé

Dans un bol, mélanger tous les ingrédients à l'aide d'une cuillère.

Sauce à la truffe

1 c. à soupe de beurre
1 échalote, hachée
35 g (½ tasse) de champignons, au goût, hachés
180 ml (¾ tasse) de demi-glace de viande
2 c. à soupe de crème 35 %
Sel et poivre
2 c. à soupe d'huile de truffe

Dans une petite casserole, à feu moyen, faire fondre le beurre et cuire l'échalote. Ajouter les champignons et les faire dorer. Ajouter la demi-glace et la crème, puis laisser réduire. Saler et poivrer. Retirer du feu et ajouter l'huile de truffe.

Vinaigrette 100 façons (voir p. 64)

Oui, ça prend un peu de temps à préparer, mais ça vaut la peine. Vous aurez de la nourriture pour deux jours. On m'a appris à manger de la raclette avec des pâtes. Je m'amuse à me préparer des pâtes Alfredo avec des crevettes à l'ail que je fais griller et gratiner sur mon poêle à raclette. Mes enfants, eux, se font des pizzas avec des mini-pitas. Personne ne pourra vous dire qu'il n'aime pas la raclette!

Lasagne, marmelade de champignons à la ricotta

4 portions
Préparation ... 25 minutes

Champignons

1 c. à soupe de beurre
1 c. à soupe d'huile d'olive
420 g (6 tasses) de champignons, émincés
25 g (¼ tasse) d'oignon vert, haché
375 ml (1 ½ tasse) de demi-glace de veau
260 g (1 tasse) de ricotta
Poivre du moulin, au goût

Dans un poêlon, à feu moyen-élevé, faire fondre le beurre dans l'huile. Ajouter les champignons et cuire pendant 10 minutes. Ajouter le reste des ingrédients et laisser réduire un peu. Réserver.

Veau haché

1 c. à soupe de beurre
225 g (½ lb) de veau haché extra-maigre
55 g (½ tasse) d'oignon vert, haché
1 gousse d'ail, hachée finement
125 ml (½ tasse) de vin rouge
375 ml (1 ½ tasse) de demi-glace
3 c. à soupe de ricotta
Poivre frais, au goût

Dans une petite casserole, faire fondre le beurre et cuire la viande. Ajouter l'oignon vert et l'ail. Cuire jusqu'à cuisson complète de la viande. Déglacer au vin rouge et laisser réduire de moitié. Ajouter tous les autres ingrédients et laisser mijoter pendant quelques minutes.

Lasagne

4 feuilles de pâte à lasagne, cuites
60 g (½ tasse) de mozzarella râpée

Montage

Préchauffer le four à 190 °C (375 °F). Dans un plat rectangulaire allant au four, dresser la première couche de pâte à lasagne. Ajouter la moitié de la préparation de viande, puis une autre couche de pâte. Ensuite, ajouter la moitié de la préparation de champignons, puis une autre couche de pâte, le reste de la viande, une couche de pâte, une couche de champignons, puis parsemer de mozzarella râpée. Cuire au four pendant 30 minutes, puis 5 minutes sous le gril du four afin que le fromage dore. Servir au centre de la table avec des assiettes de service.

On peut servir ce plat avec
une baguette de pain ciabatta
coupée en deux dans le sens
de la longueur, badigeonnée
d'huile d'olive et parsemée
de sel, de poivre, de tomates
fraîches et de basilic frais, ce
sera un délice.

Cheveux d'ange au citron

4 portions
Préparation ... 15 minutes

1 kg (8 tasses) de cheveux d'ange cuits
4 c. à soupe de beurre
60 ml (¼ tasse) d'huile d'olive
2 échalotes grises, hachées
4 gousses d'ail, hachées
6 c. à soupe de câpres, hachées grossièrement
Poivre frais, au goût
300 ml (1 ¼ tasse) de vin blanc
500 ml (2 tasses) de crème à cuisson 15 % ou plus
2 bouquets d'asperges fines, coupées en petits tronçons de 2 cm (¾ po)
180 g (1 ½ tasse) de parmesan râpé finement
Le zeste de 4 citrons
Le jus de 2 citrons
4 c. à soupe d'aneth frais, ciselé
4 c. à soupe de ciboulette fraîche, ciselée

Dans une grande casserole, faire fondre le beurre dans l'huile, à feu moyen-élevé.

Ajouter les échalotes, l'ail, les câpres et le poivre frais, puis faire revenir pendant 1 minute.

Déglacer au vin blanc et ajouter la crème.

Ajouter les asperges et laisser mijoter de 4 à 5 minutes.

Ajouter le parmesan, le zeste, le jus des citrons et les fines herbes, puis assaisonner, au goût. Laisser réduire pendant 2 minutes.

Déposer les pâtes dans un grand bol de service avec 4 bols individuels.

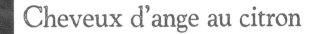

Truc du chef…
Ce plat remplace
les pommes de terre
ou le riz dans une
assiette, vous pouvez
l'accompagner d'un
bon steak grillé ou
de poulet.

Poutine maison à l'huile de truffe

4 portions
Préparation ... 25 minutes

Sauce
1 c. à soupe de beurre
165 g (1 tasse) d'oignons, coupés en dés
115 g (1 tasse) de pommes de terre, coupées en dés
300 ml (1 ¼ tasse) de bouillon de poulet
Sel et poivre
60 ml (¼ tasse) de crème 15 %
1 c. à café (1 c. à thé) d'huile de truffe

Dans une casserole, à feu moyen-élevé, faire fondre le beurre. Y mettre les oignons et les faire revenir jusqu'à ce qu'ils soient légèrement dorés. Ajouter les pommes de terre et le bouillon, puis saler et poivrer. Cuire pendant 10 minutes. Baisser à feu moyen-doux et cuire pendant 15 minutes. Ajouter la crème et l'huile de truffe. Passer au mélangeur. Réserver.

Croustilles
180 g (1 ½ tasse) de cheddar râpé
280 g (4 tasses) de croustilles nature faibles en sodium

Dans un grand bol, mélanger le fromage avec les croustilles. Répartir le mélange également dans 4 assiettes creuses ou dans 4 bols. Napper le mélange de sauce et servir.

Ce plat est idéal pour accompagner des saucisses grillées.

Salade de pommes de terre, de cornichons, de moutarde de Meaux et de calabrese gratinée

4 portions
Préparation . . . 20 minutes

330 g (2 tasses) de pommes de terre râpées (cuites à l'eau salée pendant 3 minutes)
15 petits cornichons non sucrés, coupés en petits dés
1 c. à soupe de moutarde de Meaux
1 c. à soupe de moutarde de Dijon
2 oignons verts, hachés finement
1 c. à soupe de vinaigre de vin rouge
60 ml (¼ tasse) d'huile d'olive extra-vierge
60 g (¼ tasse) de saucisson calabrese, coupé en morceaux
Sel et poivre
4 tranches de saucisson calabrese
30 g (¼ tasse) de cheddar râpé

Préchauffer le gril du four (*broil*). Mettre les pommes de terre dans un grand bol. Dans un autre, mélanger les cornichons, les moutardes, les oignons verts et le vinaigre. Fouetter en incorporant l'huile. Mélanger cette préparation avec les pommes de terre, puis ajouter les morceaux de calabrese. Saler et poivrer, au goût. Dans une plaque allant au four, déposer les 4 tranches de calabrese, puis saupoudrer de fromage. Mettre au four pendant 5 minutes ou jusqu'à ce que le fromage commence à gratiner.

Disposer la salade dans un plat de service, puis y étendre les tranches de calabrese gratinées. Servir aussitôt.

Crumbles banane-coco

4 portions
Préparation ... 20 minutes

55 g (⅓ tasse) de beurre ramolli
70 g (⅓ tasse) de sucre
1 œuf
70 g (½ tasse) de farine
2 c. à soupe de cacao
35 g (½ tasse) de noix de coco râpée
1 pouding au chocolat noir du commerce
2 bananes, tranchées en dix

Préchauffer le four à 190 °C (375 °F). Dans un grand bol, à l'aide d'un mélangeur électrique, mélanger le beurre et le sucre jusqu'à l'obtention d'une consistance bien crémeuse. Ajouter l'œuf et continuer de mélanger. Ajouter la farine, le cacao et la noix de coco, mélanger et réserver.

Utiliser des petits plats individuels allant au four. Déposer dans chacun d'entre eux une grosse cuillerée de pouding, puis répartir les bananes également et ajouter la préparation à crumbles. Cuire au four de 12 à 15 minutes ou jusqu'à ce que le dessus soit légèrement doré. Servir bien chaud dans des sous-assiettes.

Bagatelles au gâteau au JELL-O et fraises

6 à 8 portions
Préparation ... 1 heure
6 à 8 verres à cocktail hauts

1 préparation pour gâteau à la vanille du commerce
1 boîte de JELL-O aux fraises
280 g (2 tasses) de fraises coupées en petits morceaux
500 ml (2 tasses) de crème 35 %, fouettée, sucrée avec 2 c. à soupe
de sucre à glacer
280 g (2 tasses) de crème glacée à la vanille
8 c. à soupe de sirop de chocolat du commerce

Préchauffer le four à 180 °C (350 °F). Préparer le gâteau tel qu'indiqué
sur l'emballage. Verser la préparation dans un moule à gâteau et le
mettre au four. Pendant la cuisson, préparer le JELL-O tel qu'indiqué
sur l'emballage, mais mettre seulement la moitié de l'eau demandée.
Laisser revenir à la température de la pièce. Quand le gâteau est cuit,
ne pas le démouler, le laisser aussi revenir à la température de la
pièce. Faire des trous dans le gâteau avec une fourchette et y verser
le JELL-O doucement. Mettre au frigo pendant au moins 4 heures.
Ensuite, couper le gâteau en cubes de 2,5 x 2,5 cm (1 x 1 po). Réserver.

Garnir le fond des verres de quelques fraises, de crème fouettée, de
cubes de gâteau, d'un peu de crème glacée et ainsi de suite jusqu'à ce
que le verre soit plein. Terminer par un soupçon de sirop de chocolat.
Servir avec de longues cuillères et un bon verre de lait.

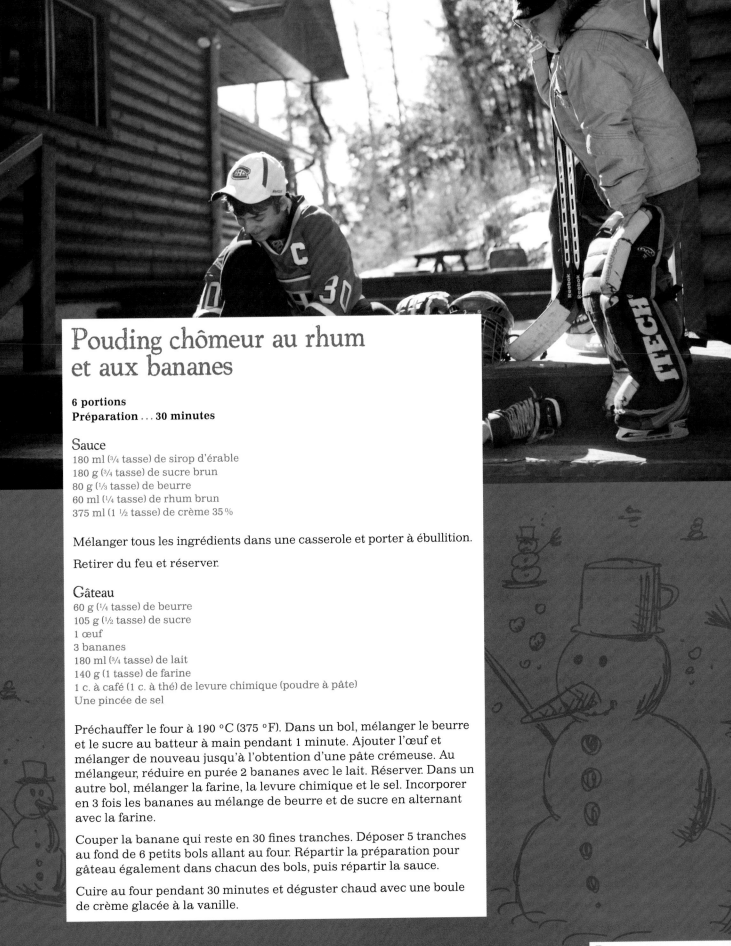

Pouding chômeur au rhum et aux bananes

6 portions
Préparation . . . 30 minutes

Sauce

180 ml (¾ tasse) de sirop d'érable
180 g (¾ tasse) de sucre brun
80 g (⅓ tasse) de beurre
60 ml (¼ tasse) de rhum brun
375 ml (1 ½ tasse) de crème 35 %

Mélanger tous les ingrédients dans une casserole et porter à ébullition.

Retirer du feu et réserver.

Gâteau

60 g (¼ tasse) de beurre
105 g (½ tasse) de sucre
1 œuf
3 bananes
180 ml (¾ tasse) de lait
140 g (1 tasse) de farine
1 c. à café (1 c. à thé) de levure chimique (poudre à pâte)
Une pincée de sel

Préchauffer le four à 190 °C (375 °F). Dans un bol, mélanger le beurre et le sucre au batteur à main pendant 1 minute. Ajouter l'œuf et mélanger de nouveau jusqu'à l'obtention d'une pâte crémeuse. Au mélangeur, réduire en purée 2 bananes avec le lait. Réserver. Dans un autre bol, mélanger la farine, la levure chimique et le sel. Incorporer en 3 fois les bananes au mélange de beurre et de sucre en alternant avec la farine.

Couper la banane qui reste en 30 fines tranches. Déposer 5 tranches au fond de 6 petits bols allant au four. Répartir la préparation pour gâteau également dans chacun des bols, puis répartir la sauce.

Cuire au four pendant 30 minutes et déguster chaud avec une boule de crème glacée à la vanille.

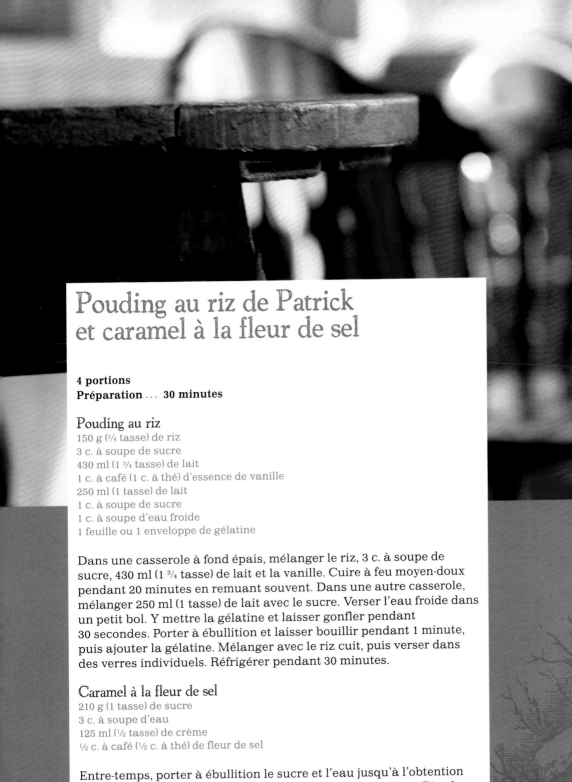

Pouding au riz de Patrick et caramel à la fleur de sel

4 portions
Préparation ... 30 minutes

Pouding au riz

150 g (¾ tasse) de riz
3 c. à soupe de sucre
430 ml (1 ¾ tasse) de lait
1 c. à café (1 c. à thé) d'essence de vanille
250 ml (1 tasse) de lait
1 c. à soupe de sucre
1 c. à soupe d'eau froide
1 feuille ou 1 enveloppe de gélatine

Dans une casserole à fond épais, mélanger le riz, 3 c. à soupe de sucre, 430 ml (1 ¾ tasse) de lait et la vanille. Cuire à feu moyen-doux pendant 20 minutes en remuant souvent. Dans une autre casserole, mélanger 250 ml (1 tasse) de lait avec le sucre. Verser l'eau froide dans un petit bol. Y mettre la gélatine et laisser gonfler pendant 30 secondes. Porter à ébullition et laisser bouillir pendant 1 minute, puis ajouter la gélatine. Mélanger avec le riz cuit, puis verser dans des verres individuels. Réfrigérer pendant 30 minutes.

Caramel à la fleur de sel

210 g (1 tasse) de sucre
3 c. à soupe d'eau
125 ml (½ tasse) de crème
½ c. à café (½ c. à thé) de fleur de sel

Entre-temps, porter à ébullition le sucre et l'eau jusqu'à l'obtention d'un caramel moyen. Déglacer délicatement avec la crème. Bien brasser, puis retirer du feu. Ajouter la fleur de sel. Verser en parties égales sur le pouding au riz et servir.

Biscuits-sandwichs au beurre d'arachide

6 biscuits-sandwichs
Préparation ... 20 minutes

250 ml (1 tasse) de beurre fondu
250 g (1 tasse) de cassonade
105 g (½ tasse) de sucre
2 œufs
325 g (2 ⅓ tasses) de farine
1 c. à café (1 c. à thé) de bicarbonate de soude
Une pincée de sel
125 g (½ tasse) de beurre d'arachide

Préchauffer le four à 180 °C (350 °F). Dans un grand bol, fouetter ensemble le beurre, la cassonade et le sucre jusqu'à consistance crémeuse. Ajouter les œufs et bien mélanger. Dans un autre bol, mélanger la farine, le bicarbonate de soude et le sel. Verser sur le mélange beurre-œufs et bien mélanger. Sur une plaque à pâtisserie préalablement graissée, faire 12 biscuits de 1 cm (³/₈ po) d'épaisseur et d'environ 10 cm (4 po) de diamètre. Utiliser 2 plaques à biscuits et mettre 6 biscuits par plaque. Les mettre au four sur la grille du haut et les cuire de 9 à 12 minutes. Les laisser refroidir pendant 5 minutes, puis étendre le beurre d'arachide sur 6 biscuits. Pour faire les sandwichs, déposer les 6 autres biscuits sur les premiers.

Servir accompagné d'un bon verre de lait froid.

Truc du chef …
Vous pouvez
remplacer le beurre
d'arachide par du
Beurre d'arachide au
chocolat (voir p. 23).

Pop-corn au caramel et au cheddar

4 portions
Préparation . . . 5 minutes

120 g (½ tasse) de beurre
125 g (½ tasse) de cassonade
115 g (1 ½ tasse) de guimauves miniatures
2 sachets de maïs à éclater
1 sachet de cheddar en poudre provenant d'une boîte de macaroni
au fromage du commerce

Dans une casserole, à feu moyen, faire fondre le beurre avec la cassonade et les guimauves pour faire le caramel. Mélanger constamment.
Réserver.

Faire éclater le pop-corn au micro-ondes ou sur le feu tel qu'indiqué
sur l'emballage. Mettre la même quantité de pop-corn dans 2 bols.

Verser la sauce caramel dans le premier bol de maïs et bien mélanger.

Saupoudrer le pop-corn du deuxième bol de cheddar.

Dans un grand bol, mélanger les deux types de maïs.

Remerciements

Ces gens sans qui !

Merci à ces gens sans qui ce livre n'aurait pas pu voir le jour.

À Véronique, la complice de tous mes projets, qui a su mettre son grain de sel dans chacune des recettes et qui m'a fait comprendre que les gens se préoccupent de leur santé.

À Anaïs et Gabriel, mes plus belles créations, qui aiment de plus en plus explorer et pour qui je suis le meilleur cuisinier du monde... À l'exception de leur grand-mère, bien sûr !

À mes parents, qui m'ont toujours appuyé et qui ont cru en tout ce que j'entreprenais.

À toutes les personnes, qui ont dû prendre quelques kilos après avoir goûté à ces dizaines de recettes.

À Carole, ma mère, à Ginette, Lise et Charlotte, qui m'ont permis de reprendre quelques-unes de leurs recettes.

À tous ces gens, qui m'ont inspiré chaque fois qu'ils m'ont fait déguster leurs plats favoris.

À Tango : Pierre, Guy, Jacques, Luce et toute l'équipe.

Aux Éditions de l'Homme : Pascale, Diane et toute l'équipe.

À mes associés, Jean-Baptiste, Stéphanie, David, Johanne et Steve, ainsi qu'à mes collègues de travail, qui ont su m'épauler et participer à la confection des plats, Jérémie, Charles et Patrick, en particulier.

À Bruno-Pierre, Valérie et bébé Justin, Cédrick et Léanne, Pierre et Élisabeth, Robert, Alexina, Alice, Béatrice, Jacob et Enzo pour leur patience et leur joie de vivre lors de la prise des photos.

Au Fairmont Kenauk et à Suzanne Brunette pour leurs somptueux chalets.

Enfin, merci à tous ceux et celles que j'oublie, qui croient en moi, qui me soutiennent et qui m'aident à continuer à me dépasser sans cesse. Merci du fond du cœur!

Index des recettes